青少年志愿服务公益实践指导丛书

U0646633

青少年
志愿服务公益实践
社区工作者指导手册

尚立富　主　编

韩　辉　副主编

北京师范大学出版集团
BEIJING NORMAL UNIVERSITY PUBLISHING GROUP
北京师范大学出版社

顾问委员会

王思斌　北京大学教授、中国社会工作教育协会名誉会长

徐月宾　北京师范大学社会发展与公共政策学院院长、教授

陈树强　中国青年政治学院社会工作学院院长、教授，中国社会工作
　　　　教育协会副会长

古学斌　香港理工大学应用社会科学系副教授

史柏年　中国青年政治学院教授

许莉娅　中国青年政治学院社会工作系主任、副教授，中国社会工作
　　　　教育协会学校与青少年社会工作专业委员会主任

翟福华　美国福特汉姆大学社会服务研究生院终身教授，美国哥伦比
　　　　亚大学人口中心研究员

前　言

　　修身立德向来是中国人孜孜以求的节操与境界，这种操守已经超越了社会阶层和外在约束力，内化成为一种自觉性的行为。诚如孔子所言："芝兰生于幽林，不以无人而不芳；君子修道立德，不为穷困而改节。"由此亦可知，中国人将"为人"放在了至高无上的地位。"为人"，除了锤炼自身品德修为，更要努力与他人建立规范的伦理关系。而伦理关系反过来约束和指导个人行为，如为人父母、为人师友、为人子女、为人夫妇等，都离不开一套结构性的准则。反之，社会发展导致的"礼崩乐坏"是最令人担忧的，也由此，道德教化成为中国人日常生活中的关键词。

　　虽然时过境迁，我们尝试用现代专业视角来理解修身立德更具积极意义，用社会学的观点来审视就是"社会化"，用教育学的话语来诠释就是"德育"，用心理学的语言阐释就是"人格健全"，用哲学的话语理解就是激发个体的"主体性"，用政治学的立场来解读就是培养合格的"公民"。综合多个学科的观点，我们可以将"修身立德"归结为是要培养一个道德高尚、品行良好、慈善仁爱、独立思考，有责任、有担当的全能型"好人"。而这也正是当前党和国家高度重视、社会大众普遍关心、老师和家长最为关注的问题。党的十八大报告明确提出："把立德树人作为教育的根本任务，培养德智体全面发展的社会主义建设者和接班人。"习近平同志也多次强调："要从小学习做人。世界上最难的事情是怎样做人，怎样做一个好人。要做一个好人，就要有品德、有知识、有责任，要坚持德品为先。"教育部、民政部及团中央等部门也通过各种政策和途径推进青少年健康发展。对于社会大众来说，最大的期望就是构建

一个和睦友爱的好人社会；老师和家长朋友们最大的困扰则是"如何培养一个身心全面发展的孩子"。基于党和国家的政策环境、尝试回应社会大众的期望、努力满足老师和家长的诉求，北京师范大学中国公益教育研究所从2009年开始率先在国内倡导"公益教育"新理念，以北京市海淀区西三旗街道社区等为试点开展青少年公益教育的行动研究，致力于探索和构建一种"学校—社区—家庭"三联动的有效模式。经过多年的研究探索，我们发现，社区在青少年人格塑造中的巨大功能和潜力还没有发挥出来。一般在青少年人格塑造方面，人们强调代表国家的学校德育工作，此外，也比较重视小家的家庭日常教育。而令老师和家长百思不得其解的是，青少年在学校和家庭中塑造好的理念、价值和行为，在他们步入社会之后就开始变得失灵和失效。究其缘由，实在是人们忽略了个体社会化的重要场域——社区。社区是社会的子细胞，是沟通家庭和社会的桥梁和纽带，是个体除了家庭和学校之外停留时间最长的场域，社区对于个体的人格塑造是潜移默化的，在此不再赘述，孟母三迁就是最好的例证。

谈到这里，大家可能会有一个疑问，既然强调社区在青少年人格塑造中的功能与作用，那这项工作由谁来承担呢？学校有老师，家庭有父母。当然，社区有社区工作者，但社区工作者是否愿意承担这项工作？他们如何开展这些工作？他们要具备哪些能力呢？正是基于这样的疑问，我们结合多年在社区开展的行动研究汇编了《青少年志愿服务公益实践社区工作者指导手册》，读完它您就可以找到答案。需要说明的是，该手册具有如下特点。

一是前瞻性。公益教育脱胎于欧美的公民教育、服务学习和生命教育等前沿性理念，在西方已经发展成熟。但在中国还是一个令人熟悉而又模糊的概念，我们在北京市的调查显示，当前有90%以上的民众听说过公益教育，但

能准确理解其内涵的人不足10%。当下学术界在理念方面的讨论都是凤毛麟角，操作层面就可想而知了。该手册是迄今为止国内第一本专门针对青少年开展社区公益实践活动的操作手册。

二是专业性。公益教育不同于传统的"搞活动"和"做游戏"，也并非具有爱心就可以开展，而是在实践基础上形成的一门专业，需要系统的理论学习和实操训练。而该手册就是一本很好的专业书籍，它融合了哲学、心理学、社会学、人类学、管理学、社会工作等众多学科的知识，通过多学科的融合和运用而彰显一门独特的科学和艺术。

三是系统性。公益教育是一门具有系统性的科学，它涵盖专业的价值理念、理论知识、方法技巧等诸多元素，不仅如此，这些元素之间互为基础，彼此支持。而该手册的设计正是遵循了这种系统性的理念，既有价值理念的介绍，也有理论方法的阐释，更有操作技巧的展现。这些方面相互结合，使用者更能融会贯通，得心应手。

四是针对性。当前，中国各个领域都在倡导专业性，而唯独"助人"的基层民政工作较缺少专业性。这种专业性的缺失导致社会大众对于社区工作者普遍有一种偏见，即都是一些年老、低学历的人从事这项工作。也由此，他们面临收入低、压力大、晋升无望、效能低的窘境。而我们编写该手册就是专门针对这群社区工作者，就是要通过与他们一同学习和行动使之改变自身的处境，创造和实现自身的价值。

五是可操作性。无论多么"高大上"的理念，如果不能落实，终将是纸上谈兵。该手册最鲜明的特点就是操作性强，它主要包括活动流程、案例集、资料包、资源链接四个部分，每个部分还分别包括不同的方面及内容。无论您对于社区公益教育的理解程度如何，只要按照手册中的流程操作，有困难借助于资料包和案例集，甚至点击资源链接，都

能够较容易地开展相关的实践活动。

最后，需要说明的是，这是国内第一本社区公益教育手册。尽管还存在这样或那样的不足，但它凝聚了北京师范大学中国公益教育研究所老师们多年的心血。所以，恳请广大使用者能积极反馈使用情况，以便及时完善。这些老师将一直是您的同行者和支持者，在社区公益教育的路上您不会孤单。

手册导读

本手册主要是基于社会工作科学理论及方法之上，适用于社区工作者或社会服务机构的实践操作手册。在内容上主要包括七个章节，所涵盖的不同内容可作如下归纳。

关于公益教育及实践在家庭—学校—社区系统中的联动机制介绍，需要认识并理解。

手册的核心，是社区公益实践活动的行动指南，帮助社区工作者掌握基本的活动流程并开展活动。包括活动前的准备、实施和结束后的评估三个部分。

手册中涉及的重要概念或关键词，需要了解并理解。

基于三年的探索性实践，形成的较为系统、翔实、生动的活动案例，具有一定的指导价值。

开展社区公益实践活动可能到的各类资源及信息，如网站和书籍等。

各类社区公益实践活动案例集锦，可以参考学习，并结合自身的工作经验创新。

社区公益实践活动中可能使用到的表格、文本、宣传海报等工具，可以直接或间接使用。

（圆环内文字）青少年公益教育及实践的联动机制 / 青少年社区公益实践活动流程与步骤 / 解读"青少年志愿服务""公益教育及实践"等 / 青少年社区公益实践活动指导 / 资源链接 / 青少年社区公益实践活动案例 / 青少年社区公益实践活动资料包

使用说明

对于这本手册，建议您这样使用

★了解并理解青少年社区公益教育及实践的关键词和联动机制；

★了解并熟悉青少年社区公益实践活动的流程和操作步骤；

★特别注意活动中的操作细节和关键；

★研读并选择性地参考活动指导和活动案例；

★参照活动流程和操作步骤开展活动；

★及时并创造性地使用活动资料包；

★关注并持续性地运用资源链接。

目录 Contents

第一章　解读"青少年志愿服务""公益教育及实践"与"社区" / 1

第一节　青少年志愿服务 / 3

第二节　公益教育与社区 / 6

第三节　青少年社区公益实践活动及其功能 / 9

第二章　青少年公益教育及实践的联动机制 / 13

第一节　学校在公益教育及实践中的主导作用 / 15

第二节　家庭在公益教育及实践中的基础作用 / 24

第三节　社区在公益教育及实践中的依托作用 / 33

第四节　公益教育及实践联动机制的构建 / 38

第三章　青少年社区公益实践活动流程与步骤 / 55

第一节　青少年社区公益实践活动整体流程 / 57

第二节　青少年社区公益实践活动具体流程及步骤 / 58

第四章　青少年社区公益实践活动指导 / 77

第一节　青少年社区公益实践活动的准备阶段 / 79

第二节　青少年社区公益实践活动的实施阶段 / 97

第三节　青少年社区公益实践活动的评估阶段 / 103

第五章　青少年社区公益实践活动案例 / 111

第一节　我是环境小卫士 / 113

第二节　社区绿色环保表 / 140

第三节　交通安全知多少 / 169

第四节　保护自己，行动起来 / 179

第五节　我爱我的家 / 188

第六节　邻里互助乐相处 / 197

第七节　手拉手，一起走 / 206

第八节　社区如同家，有你也有他 / 210

第九节　我的社区梦想 / 215

第十节　多姿多彩美社区 / 221

第十一节　传承经典，发扬美德 / 229

第十二节　践行我们的价值观 / 239

第六章　青少年社区公益实践活动

　　　　资料包 / 247

第七章　资源链接 / 309

后　记 / 325

第一章

解读"青少年志愿服务""公益教育及实践"与"社区"

第一节　青少年志愿服务

志愿服务是人们自愿贡献自己的时间及精力，不为报酬和收入而参与人类发展、促进社会进步和贡献社会的实践活动。其显著特征是无偿性、自主性和公益性。近现代以来，青少年已经成为志愿服务的主要参与力量，并且发挥着重要的作用。同时，志愿服务也为青少年提供了锻炼和成长的机会。志愿服务促使青少年通过体验服务他人和与他人合作，实现自我教育和能力提升。

一、实现青少年的自我教育

（一）培养青少年积极健康的观念

第一，鼓励青少年参与志愿服务，能够促进其超越单纯的自我利益、自私观念，培养人类互助发展的观念。

第二，多元甚至是超越国界的志愿服务，能够促使青少年改变封闭观念，培养开放、包容、理解的观念和态度。

第三，青少年积极参与志愿服务，能够在关心他人、服务他人中获得快乐，并感悟人生的真谛和意义。

（二）促进青少年的道德发展

第一，有利于青少年道德认识的提高。

第二，有利于青少年道德情感的激发和陶冶。

第三，有利于青少年道德意志的磨炼。

第四，有利于青少年道德信念的树立。

第五，有利于青少年道德行为习惯的培养。

二、实现青少年的能力提升

（一）提供了青少年开发能力的途径

第一，提供了青少年自我开发能力的途径。青少年志愿服务能够引导青少年体验自我开发的乐趣，通过青少年自主的服务过程开发各种潜能。

第二，提供了青少年互相开发能力的途径。青少年参与志愿服务的一个特点是增加了人际交往的机会。不论是志愿者之间的交往还是志愿者与服务对象的交往，对于青少年而言，都提供了互相影响和互相促进的机会。

第三，提供了青少年领悟能力开发的途径。全球化增强了青少年对于各种事物的领悟能力，志愿服务拓展了青少年领悟事物的角度。

（二）实现青少年多元能力的提升

第一，共情能力。青少年参与志愿服务，能够促进他们设身处地、感受他人想法和心情的能力的培养和提升，同时也会增强青少年的爱心和责任感。

第二，合作能力。青少年参与志愿服务，能够帮助他们在活动中学会如何协调与协作。

第三，交往能力。青少年参与志愿服务，他们的交往场域从家庭到学校再到社区乃至社会和世界，这些经验和活动将帮助他们提升语言交往能力、行为交往能力和综合沟通协调能力。

第四，实践能力。青少年参与志愿服务，最直接、最根本的是培养并提升他们将想法转化为行动的能力，即学以致用的能力，同时增强他们的执行力和解决问题的能力。

简而言之，青少年志愿服务不仅能够惠及他人、益于社会，而且能够促进青少年认识自身的社会价值、实现自我教育、提升多元能力。

第二节 公益教育与社区

说起"公益",不知您如何理解?从语义上理解,公益是社会公众所追求的包括慈善、福利、健康、救助、安全等利益的总称。[1]简而言之,即"公共利益"。

在全球化进程中,"人类共同分担与分享"已成为共识。而实现这一共识的重要途径便是公益教育。我国的公益教育及实践,从20世纪20年代晏阳初在河北省定县(今河北省定州市)开展的"平民教育运动"开始,到当代公益事业的迅速发展,总体而言,是在曲折中前行。对青少年的公益教育,可谓任重而道远。一项对高中生的研究表明,"我国高中生的人生价值观更加务实,看重家庭美满和收入高,但社会奉献意识略显不足","对'当地的事''国家的事'关注度较低,参与社区活动和志愿者服务不多"。[2]2011年,香港中文大学的调查表明,北京、广州、昆明三市16岁及以上受访者志愿服务的参与率分别为13.95%、16.32%、14.77%,而同期美国、英国、加拿大志愿服务的参与率分别为44%、48%、27%。[3]

---

[1] 参见沈贵鹏. 关于公益教育的思考[J]. 基础教育,2014(2):30.

[2] 参见中国青少年研究中心课题组. 中国高中学生的优势与不足[N]. 光明日报,2012-04-10.

[3] 参见朱健刚. 中国公益发展报告(2012)[M]. 北京:社会科学文献出版社,2013:50.

相对于我国青少年的公益意识和公益行为，我国的公益教育现状不容乐观。截至2015年3月底，民政部统计，全国共有社会组织61.3万个，从业者超过480万人，其中接受过公益教育专门训练的不足千分之一；大中小学的教育体系中尚未有专门的公益教育课程；青少年有参与公益的良好愿望，但普遍缺乏参与公益的基本知识和基本技能，难以独立策划与组织公益活动。由此可知，我国青少年公益教育的发展势在必行，青少年的公益能力需要公益教育引领。

一、公益教育

那么，什么是公益教育呢？基于我们已有的实践和对此概念的梳理，我们认为，公益教育是通过家庭、学校、社区、社会等系统及其联动，以直接或间接、显性或隐性的多元认知及体验方式，培育受教育者的公益精神、公益认知、公益情感、公益能力及公益行为，使之自觉践行利他和益群（包括社会）的一种素质教育。培育受教育者的公益精神、公益认知、公益情感、公益能力及公益行为，是公益教育的核心内容。

二、社区与公益教育

即便如此，传统上，人们始终认为教育是学校的事，与社区无关。社区似乎更应该完成一些行政性的任务，这实际上是一种对于教育和社区的"狭隘"理解。社区，是指一定数量居民组成的、具有内在互动关系和文化维系力的地域性的生活共同体。[1]中国人常说"治学先做人"，如果说"治学"的场所主要在学校，那么"做人"的场域则更多集中于家庭和社区（家庭是社区的子系统），而且某种程度上"做人"更重于"治学"。

---

[1] 参见徐永祥. 社区工作[M]. 北京：高等教育出版社，2004：8.

这里的"做人"便富有了公益教育的意涵，而且是社区"社会化"功能的有效发挥。当前中国人面临的诸多"公共"和"公德"缺失问题，均与社区社会功能的缺位有直接和间接关系。因此，推动社区公益教育，不仅有助于塑造一个个合格的公民，而且对于推动社区工作的科学化、专业化和职业化都具有积极的意义。

第三节 青少年社区公益实践活动及其功能

一、青少年社区公益实践活动的界定

青少年社区公益实践活动是围绕青少年公益教育，以学校为主导，以社区为组织和服务平台，通过引导"学校—家庭—社区"之间的连接和互动而开展的一系列现实行动系统。其本质是"关怀、利他、增能、益群"。其核心是通过公益生活的参与，使青少年正确地认识社会、关心社会，并积极负责任地参与到社会事务中，培养青少年正确的公民价值和良好的公民素养。

二、青少年社区公益实践活动的功能

青少年社区公益实践活动的功能作用于社区工作者、青少年及其家庭，旨在培养并提升他们的各种核心能力。

第一，对社区工作者——通过组织并开展公益实践活动，培养并提升以下能力（见图1-1）。

图1-1　对社区工作者的功能

第二，对青少年——通过设计与实施公益实践活动，培养并提升以下核心素养（见图1-2）。

图1-2　对青少年的功能

第三，对家庭——通过参与和指导公益实践活动，改善并增进以下方面（见图1–3）。

图1–3 对家庭的功能

第二章

青少年公益教育及实践的联动机制

　　随着我国社会转型过程中社会问题的不断增多，国家从战略的高度提出进行社会建设，希望通过社会建设发挥每个个体的力量，减少、杜绝以至消灭各种社会问题。在这样一个大背景下，我们急需一种新型的教育机制来将学生从传统的分数教育的束缚中解放出来，在关注学生文化教育的同时兼顾培养他们的公益意识，让他们关注自己身边的人和事，关注社会和社区事务，树立主人翁精神和社会公民的责任意识，从自我做起，尽自己的所能和所学积极参与改善学校、家庭和社区的公共事务，以在公共事务的参与过程中使身心得到彻底的释放，文化素质及文化素质以外的其他综合素质得到全面的提升，从而使他们在实践的过程中不断学习，不断思考，团结协作，互相帮助，获得他人和自我的认同，获得学习分数以外的成就感和满足感。公益教育机制就是这样一种需要学校、家庭和社区共同参与的联动机制。学校的动员组织、家庭的协助参与、社区的配合支持，是公益教育有效开展实施必不可少的条件。

第一节　学校在公益教育及实践中的主导作用

　　现在的学校教育，一方面面临着社会所呼吁的素质教育，另一方面面临着学生升学与择业的压力。那么，学校如何在二者之间寻求平衡呢？公益教育机制给学校提供了一种新的契机，既能发挥学校在教育中的主导作用，又能提高学生的素质教育，融学校教育学习与社会服务实践于一体，

既能有效改变传统应试教育的弊端，又能积极发挥学生的自主能动性，寓教育学习在轻松快乐的亲身体验之中。

一、学校在公益教育及实践中的主导地位

学校是学生主要的受教育场所，学生日常所有的智力和德育教学计划都由学校制订。由于教育机构的专业性，学校对不同年龄阶段学生的理解水平和能力比较了解，对学生、社区和家长的行为规律把握较为准确。因此，由学校来设计公益教育的实施目标、原则、方法对于学生和家长来说可操作性会比较强，并且学校对于公益教育的预期也比较准确。此外，学校对于公益教育取得成果的认可，是学生和家长参与活动的重要动力。因此，学校在几个关键环节上的参与，对于公益教育的推进和影响起着至关重要的作用。

（一）学校是公益教育及实践活动的发起者

由于学校在学生和家长心目中具有教育权威性，因此关于学生活动的发起人唯有学校才是最有效的。无论学生和家长对于活动意义的理解程度如何，学校的号召力都是不容轻视的，特别是品学兼优的学生及其家长对于学校的拥护和忠诚更是强烈。

（二）学校是公益教育及实践活动的设计者

学校是教书育人的地方，因此有大量的青少年教育专业人才，他们关于儿童心理、儿童行为、儿童能力等方面的专业知识对于活动设计来说是至关重要的。并且，学校与学生家长接触较多，对于本校学生家长的行为能力和心理相对了解，因此由学校设计出的学生活动基本可以在学生和家长的操作能力范围内。此外，学校对于本校学生的生活环境相对了解，因此学校清楚活动中涉及的社区资源是否是学生和家长可以方便利用的。学校对于活动环节的准确设计，是保证活动顺利进行的基础和前提。

（三）学校是公益教育及实践活动的推进者

学校要在公益教育实施的整个过程中做好跟踪、调查、记录工作，及时发现学生、教师、家庭、社区参与时遇到的问题，并做出应对。学校要定期对公益教育取得的阶段性成果与预定的实施目标进行对照，查看是否偏离预定目标并及时调整实施方案和策略。

（四）学校是公益教育及实践活动的指导者

学校凭借其教育的专业性承担着对公益教育整个实施过程的把握，承担着对教师、学生、家长和社区进行技术指导的任务。

（五）学校是公益教育及实践活动的支持者

在学生接受公益教育的过程中，学校可以通过家访、电话访谈、亲身参与活动、征集心得体会、集体座谈的形式，分别在学生活动的过程中和活动结束后，与学生一起交流他们在活动开展过程中的收获和遇到的困难；教师也可以亲身参加学生在社区里的集体活动，分享他们的喜悦与成就。学校在活动的过程中也与学生家长密切联系，赢得他们的信任和好感，给予他们及时的鼓励和支持，因此学生家长从情感上更容易接受学校给予他们的指导建议，让他们在进行家庭教育的过程中充满信心。

（六）学校是公益教育及实践活动的激励者

学校对于学生和家长活动表现的认可，对于他们来说是莫大的荣誉。在活动告一段落的时候，由学校来总结活动情况并且对活动中表现优秀的个人、团队和家庭进行表彰，可以表明学校对于活动的重视程度。学生和家长的行为在很大程度上受到学校重视程度的影响，通常学生和家长在做学校规定作业的时候态度非常积极认真，而一旦作业的性质具有随意性、自愿性，学生和家长就会根据个人的喜好和理解去执行，态度或多或少会

打折扣。虽然公益实践活动的开展是以学生和家长自愿为前提的，但是学校在活动取得阶段性成果的时候，在全校集会的场合表彰优秀学生和家长，这对于态度认真的学生和家长来说是一种很大的鼓励，证明学校一直在关注着他们的行为；同时对于态度不端正的学生和家长来说是一种提示，证明他们的不积极状态学校是知晓的，也促使他们在今后的活动中更加努力，争取获得荣誉。因此，对学生的表彰，由学校来完成会获得比社区、家庭更好的效果。学校还可以将对学生的表彰以参评优秀学生的形式呈现。

（七）学校是公益教育及实践活动的评估者

由学校来完成的对公益教育过程和效果的总结和评估，这其中包括对学生行为能力的观察与评估。而针对活动的评估和总结，对于完善活动设计并将活动作为学校的一个校本活动的可能性加以考核是十分必要的。学校还可以从学术研究的角度去评估活动给学生行为能力带来的改变，评估学校、社区、家庭在公益教育中发挥的作用，以此总结出普遍的联系和规律，以便对公益教育的体系做进一步完善。

二、学校在公益教育及实践中的主导作用

学校是教育的权威机构，学生因为受到学校的管理和教育而对学校"言听计从"，家长因为孩子接受学校的管理和教育而对学校无比尊重和信任，而社会由于国家对于教育的重视而对学校无比崇敬，因此在学生教育的大环境中，学校对于发动家庭和社区的力量来教育学生的号召力和信服力是最强的。因此，学校在构建学校、家庭、社区相互联动的教育大环境模式中的作用基本是主导性和权威性的。

（一）公益教育的推行依赖学校的主导作用

由学校来探索公益教育中的相关原则、标准，特别是评价指标，是最合适的。公益教育是调动学校、家庭和社区的一种全民性教育，而学校作为专门的教育机构在其中的主导地位是不容置疑的。改革开放以来，国家大力提倡学校办学的自主性，公益教育为学校提供了一个自由发挥的蓝本。因此，学校在实践中不断完善公益教育的体系，对于公益教育的推行有着至关重要的作用。并且，学校以自己推行公益教育的成功经验来倡导教育体制的改革也是非常有说服力的。

（二）公益教育的动力源于学校的权威作用

由于学校在学生和家长心目中具有至高的地位，所以学生会努力认真地完成学校布置的作业，而家长为了让孩子能够完成学校布置的作业并且给老师和学校留下良好的印象也会竭尽全力地帮助孩子。在学生和家长的时间和精力都非常有限的情况下，尤其是在他们对活动的意义认识不足的情况下，通常只有学校的号召才会引起他们的重视。对于一些学生和家长来说，学校给予的压力是他们开展参与活动的动力，博取教师和学校的好感是他们参加活动的最初目的。只有经过一段时间的参与，真正领悟到活动的意义后，他们才能变被动为主动。

（三）公益教育中的互动需要学校的倡导发动

一般来讲，学生的公益教育实践活动环节都是由学校来设计的，因为学生是公益教育实践活动的主体，学校凭着对学生的认知水平和能力的了解与把握，以及与家庭和社区的互动，可以特意地设计出激发学生兴趣，符合学生家庭要求和社区需求的活动内容。学生出于达到学校要求的目的一定会与家长、社区发生关系，并且他们出于兴趣、为了受到老师的表扬或是不挨老师的批评而完成作业等想法也会千方百计地要求家长参加活动，并且还会让家长帮助他们在社区里开展活动。由此可见，正是学校对

于活动的最初设计促使学生不会像对待普通的课业一样独自去完成，而是发动家长和社区一同完成。

（四）公益教育的资源支持有赖于学校的信誉保障

学生和家庭在争取社区资源并与社区互动的时候，都会以学校组织学生开展社会实践活动的名义进行。由于学校在社会中的地位和信誉比较高，所以学生和家长以学校的名义争取社会资源的时候比较容易得到理解、支持和信任。

三、学校在公益教育及实践中主导作用的发挥

学校、家庭、社区彼此之间不是孤立的，而是在一定的独立性前提下，彼此之间相互渗透、交叉，他们之间内在地存在着相互开放的可能性和要求。公益教育的实施，需要形成学校、家庭、社区三位一体的教育网络。而这样一个网络应该由谁来建立，只有通过我们对公益教育的三个主要教育资源的分析才能得到。家庭在学生教育中虽然具有针对性，是学校教育的基础，但家庭这种教育资源是分散的、无组织的，它是作为单个个体存在的，它的教育目标也存在着个体上的差异。而社区作为公益教育的载体，可以为公益教育提供文化背景、社会环境，但社区内的资源仍然是分散的，而且这种资源的内部没有共同的教育目标，没有形成合力；虽然社区内有居委会这样的社区组织，但其整合社区内教育资源的能力还很薄弱。而学校作为一定区域内的教育权威机构，它的专业性和在公益教育中的核心地位使其在整合家庭教育资源和社区教育资源方面有着得天独厚的优势。因此，目前由学校来建立一种使学校、家庭和社区互动的网络是最容易实现的。

（一）建立学校—社区联动教育网络

公益教育是一种联动教育机制，不仅需要学校的主导教育，更需要社区教育的配合和支持，使学校教育在一定的空间和时间上得到延伸。因此，学校作为公益教育的主导，建立学校—社区联动教育网络，是公益教育联动机制建设的必要条件。

1. 设计契合社区的公益教育活动计划

学校在设计公益教育活动时，要调查社区资源，了解社区相关工作计划，尽量将公益教育主题活动与社区资源、相关工作计划相契合，解决一定的社区服务需求。只有这样，学校设计出来的公益教育实践活动才具有实践意义与价值，更容易得到社区的支持与配合。在具体做法上，可以形成学校主导、街道牵头、社区参与、校社互动、共育人才的思路。以社区居委会作为社区与学校的连接点，可以将街道内的各企事业单位及社会团体整合传递给学校，丰富、充实和改善学校的公益教育实施条件；并且学校的公益教育活动设计也可以就地取材，真正了解社区的需求，让公益教育真正落实到为社区服务、改善社区状况上来。同时，街道社区居委会还可以作为学校公益教育校外的监督、推动、组织力量。学校在设计公益教育活动的时候可以与社区居委会的青少年工作计划相结合，这样当学生回归社区的时候，社区居委会可以按照自己的青少年工作计划有计划、有步骤地继续组织和监督学生开展公益实践活动。

2. 建立畅通制度化的互动工作机制

学校与社区居委会之间的联系以及居委会对社区资源的整合，必须形成制度化。对此，街道办事处可以组建一个由学校、社会资源和家长委员会共同组成的社区青少年工作协同工作站。其中，学校校长可以担任工作站的委员，与街道办公室共同起草工作站的工作制度、章程，明确学校、居委会、社区资源、家长委员会的各自职责和共同职责。而家长委员会的产生也需要学校为街道办事处有关工作提供组织支持，因此学校在构建社区青少年协同工作站的管理体制方面可以发挥重要作用。

（二）建立学校—家庭联动教育网络

建立学校—家庭教育网络，对于提高学校教育和家庭教育的质量都是非常重要的。没有学校教育和家庭教育的协作、互补，公益教育的开展是难以实现的。现实中，家庭教育与学校教育相左的情况比比皆是，这不仅不能形成教育的合力，相反二者的教育影响还会相互抵消。与此同时，在应试教育的长期影响下，许多家长已经想当然地认为教育就应该是学校的责任，而不注意自身的言行以及与子女的沟通交流中对子女所产生的教育影响；而学校长期的封闭状态，又导致家长对学校的教育状况知之甚少。在这种条件下，学校与家庭的协作和互动是无法实现的。因此，如何建立学校与家庭的积极而有效的沟通是一个首要的问题。

1. 设立公益教育家长委员会

家长是其子女的监护人，有权利了解和监督学校对其子女实施的教育，这是他们基本的权利，学校应通过制度来加以确认和保障。同时，学校对家庭开放，也有助于学校了解学生的家庭教育状况，在教育过程中做到具体问题具体对待。学校向家庭开放，可以采取的最重要的一种形式是建立家长委员会。家长委员会对学校公益教育工作进行监督和参与，同时将家长的教育意愿有效地传递给学校，与学校共同商讨对孩子的教育措施。家长委员会可以建立负责制，即每个班级选取几名在时间和精力上都比较充裕的家长作为家长委员会的常务委员，常务委员分别负责一定数量家长的组织与联络工作；这样就形成了一个全校的家长网络。家长委员会定期开会，组织活动，汇总意见和建议，并且在适当的时候，组织家长对学生在学校开展公益教育中的活动情况进行观摩。

2. 设计适合家长参与的公益教育活动计划

学校可以通过家长委员会让家长参与到公益教育的活动设计中，这样学校可以缓解家长对于孩子参加活动的担忧和疑虑，特别是孩子的安全问题、孩子的课余时间安排以及家长的时间安排，更重要的是学校可以由此使家长更多地参与和支持公益教育。

3. 建立强化家庭公益教育活动的引导机制

自觉性低、缺乏科学理论的引导是许多家庭教育的一大特点，也是家庭教育水平低的一个重要原因。建立学校—家庭公益教育网络，学校对于家庭教育的引导是非常必要的。对于家庭教育的引导，主要包括教育观念的引导以及具体方法的指导。对于教育观念的引导，主要是帮助家长树立科学、合理的教育观念，使家长了解和认识应试教育对孩子发展的局限性及重要缺陷，建立全面发展的正确教育观念，自觉重视家庭教育的重要意义和作用，积极配合学校的公益教育等。对于教育方法的指导，主要是针对如何与子女有效沟通、如何从教育的角度去观察和理解子女的思想和行为，如何利用日常生活对子女进行教育等问题，对家长进行方法技巧上的指导。学校对家庭教育的引导形式则主要有家长会、家长座谈、专家讲座、家庭访问等形式。其中，家长座谈可以增进家长之间的了解和交流，有助于家长之间的互助与合作。

第二节　家庭在公益教育及实践中的基础作用

　　21世纪是人才辈出、人才竞争的新世纪。面对新世纪对人才的客观要求，以及广大父母"望子成龙""望女成凤"的主观愿望，谁不想让自己的孩子出类拔萃，谁不想让自己的孩子全面发展，而这一切都需要提供给孩子良好的教育。

　　家庭是人生的第一课堂，父母是孩子的第一任老师。对于孩子的成长成才，家庭教育起着至关重要的作用。然而，在现实生活中，很多家庭不会教育孩子，教育的方式、方法存在很多问题。例如，有的家庭对孩子的期望过高，达不到要求就严厉惩罚，损伤了孩子的自尊心；有的过于溺爱孩子，代劳了孩子应该干的事，抹杀了孩子的自主性；有的过分干涉孩子的言行，限制了孩子的思维能力……

　　作为父母，节衣缩食、早出晚归，一心为了子女成才，其"望子成龙""望女成凤"的心情是可以理解的。但是，切莫逼子"成龙"、逼女"成凤"，逼的结果往往适得其反。正确的方法应该是把"逼"字换成"教"字，变成教子"成龙"、教女"成凤"。俗话说，没有学不好的孩子，只有教不好的父母。家庭教育无论是在孩子的品德方面、学习方面还是能力等方面都起着至关重要的作用。

　　家庭是个体最初的生活环境，是个体接受"人之初"教育的场所。当我们谈及"儿童"和"家庭"时，首先碰到的就是"教育问题"。家庭教育是一切教育之源，它在整个教育体系中与学校教育、社会教育"三足鼎立"，相辅相成。家庭还是个体一生中生活时间最长的环境，因此家庭教育对于每个人来说，又是一种终身教育。凡是出生在一定家庭并生活在一定家庭的人，都会被深深地打上家庭的烙印。家庭和家庭教育在社会生活中处于重要地位，对人的身心发展起着重要作用。旨在培养孩子的社会责任感和主人翁精神，促进家庭、学校和社区三结合的公益教育，依然离不开家庭的教育和支持配合。家庭教育在公益教育中起着至关重要的作用。

一、家庭在公益教育及实践中的重要作用

良好的家庭教育，对孩子的影响是终身的。家庭是孩子最早接受教育的环境，父母是孩子的第一任老师。孩子良好的心理素质和行为习惯的养成，都离不开父母的教育和影响。教育子女不仅需要行之有效的教育方法、教育艺术，更需要正确的教育理念。

有的时候，父母的一个眼神、一丝微笑、对孩子的轻轻一点头，都会是一种无形的教育力量。父母在什么场合下该说什么样的话，在什么时候肯定或否定孩子，在哪种情形下该避开孩子……这一切的一切都需要父母艺术地把握和处理。因为孩子是活生生的，是千差万别的，他们在成长过程中还会千变万化。所以，这必须引起所有家长的重视。

家庭教育在公益教育活动中起着至关重要的作用。公益教育的成功开展，离不开家庭的认可、支持和参与，更离不开家庭的引导、宣传和配合。

（一）家庭是公益教育及实践的基础

家庭作为人类生活中最主要的一种社会基本群体，既是组成社会的最小的组织，也是组成社会的最基本的组织。因此，家庭必须承担一定的社会责任。家庭教育就是家庭承担社会责任中的最重要的一种功能。每一个

人的社会化，不仅需要家庭的哺育，更需要家庭的教养。家庭教育对人一生所产生的作用，是其他教育（学校教育、社区教育）所无法替代的。同时，家庭教育对社会所产生的效用，也是其他教育所不能及的。因此，公益教育活动的开展，仅有学校教育和社区教育是不够的，必须重视学校教育、社区教育、家庭教育三者并举。如此，才是完整的公益教育。其中，家庭教育是公益教育的基础。苏联著名教育学家苏霍姆林斯基曾把儿童比作一块大理石。他说，把这块大理石塑造成一座雕像需要六位雕塑家：家庭；学校；儿童所在的集体；儿童本人；书籍；偶然出现的因素。从排列顺序上看，家庭被列在首位，可以看出家庭在塑造儿童的过程中起着很重要的作用，家庭教育在这位教育学家心中占据相当的地位。在一个人受教育的整个过程中，对孩子影响最大的，其实是家庭，而不是学校。孩子最需要的东西往往是学校无法给予的，家庭在孩子成长中的作用无法替代。学校能给孩子知识、技能、能力，而家庭能给孩子人性、情感、自尊、自信、品位、视野、生涯规划等，这些比知识更能影响孩子将来是否成功。

（二）家庭是公益教育及实践的阵地

家庭是公益教育活动不可缺少的要素。良好的家庭教育是人类全部教育活动的一个重要组成部分。没有良好的家庭教育，公益教育也不可能达到预期的目的，不可能完成培养人这一极为细致、复杂的任务。孩子出生后，从小到大，几乎2/3的时间在家庭之中度过，朝朝暮暮，都在接受着家长的教育。这种教育是在有意和无意、计划和无计划、自觉和不自觉之中进行的，不管是以什么方式、在什么时间进行教育，都是家长以其自身的言行随时随地地教育影响着孩子。这种教育对孩子的生活习惯、道德品行、谈吐举止等都在不停地给予影响和示范，其潜移默化的作用相当大，伴随着他们的一生，所以有些教育家又把家长称为终身教师。这种终身性的教育往往反映了一个家庭的家风，家风的好坏往往要延续几代人，甚至十几代、几十代。由此可见，家庭教育是公益教育的重要组成部分，是公益教育的重要阵地；公益教育是家庭教育的进一步深化和延续。家长应该抓住时机，把家庭作为公益教育的阵地，帮助子女树立社会责任感和主人翁精神。

（三）家庭教育是公益教育及实践的核心内容

孩子的教育是一项极其复杂而细致的系统工程，需要学校、社区和家庭的紧密配合。俗话说，父母是孩子的第一任教师。家庭教育既是摇篮教育，也是终身教育。因此，家庭教育对孩子的成长和良好行为培养起着举足轻重的作用。家庭教育和学校教育有着不同的功能和特点，但是目前学校教育强势和家庭教育弱势以及家庭教育学校化、学校教育家庭化的现象严重存在，削弱了教育的效果，应寻求家庭教育、学校教育和社区教育相结合的途径，发挥三者的合力作用。公益教育活动恰好可以把三者结合起来，不仅可以有效地发挥合力作用，而且可以全面指导家庭教育，赏识孩子，营造良好的家庭氛围，让孩子沐浴在和谐、文明、健康、宽松的家庭氛围中，使孩子形成良好的性格和强烈的社会责任感。

二、发挥家庭教育在公益教育及实践中的基础作用

教育是一项系统的工程，教育的效果是学校教育、家庭教育、社区教育这三个方面综合作用的结果，三者相互关联且有机地结合在一起，相互影响、相互作用、相互制约，缺一不可；如果步调统一，相互促进，它们的合力就大，教育的效果就会更好。家庭教育是一切教育的基础，家庭在塑造儿童的过程中起着很重要的作用。为此，北京师范大学中国公益教育研究所试图通过公益教育活动，从社区、学校、家庭三方面入手来解决当前家庭教育中存在的问题。

（一）社区方面

1. 协调配合，营造良好的家庭教育氛围

社区各职能部门要协调配合，发挥合力，大力宣传家庭教育的重要性，营造良好家庭教育的社会氛围，利用多渠道多形式，如广播、有线电视、宣传专栏、印发家教知识小册子、举办形式各异的家庭互动实践类活动（亲子活动、家庭运动会、家庭艺术节、"孝敬父母好儿童、教子有方好家长"报告会等），使家庭教育实现知识性、趣味性、科学性和教育性的统一。

2. 统筹安排，建设畅通的家庭教育网络

注重家庭教育网络的建设，形成乡镇、街道、学校的三级家教组织网络，建立家教领导小组、社区家长学校、家教指导服务站、"母亲课堂"等家教组织，为深入开展家庭教育工作提供组织保证。

3. 宣传引导，普及科学的家庭教育知识

办好家长学校，大力普及科学的家庭教育知识。有关部门要加强对家长学校的领导和管理，抓好示范家长学校建设，通过对示范家长学校的重点指导，总结经验，树立典型，以点带面，全面推广，使家长和学校充分认识到家庭教育的重要性和必要性，推动家长学校的兴办和发展，提高家长学校的办学水平和质量。同时，要加大对家长学校等家庭教育培训的投入，保障家长学校的培训经费，采取一定的措施，鼓励家长参加家长学校的培训，从而保证家长接受家庭教育知识，引导教育家长树立正确的成才观，关注孩子的全面成长。

4. 加大投入，建立健康的家庭教育基地

加大投入，建立具有一定规模、影响力的少年儿童活动场所、德育基地和社会实践基地，加大对家庭教育事业和家庭教育工作的政策支持和经费投入，加强学校图书阅览室等场所的建设等，让更多的孩子在课余时间和节假日有可去之处。社会各方面要努力营造健康和谐的成长氛围，提供场地和各方面的条件，组织开展一些健康有益、具有吸引力的道德实践活

动，鼓励和引导家长及孩子共同参与，帮助孩子搭桥铺路去接触社会、认识社会，让孩子参与道德实践、加深道德体验、提高道德修养，促进孩子健康成长，从而实现家庭教育和社会道德实践的有机结合。

（二）学校方面

1. 改变观念，充分认识家庭教育的基础地位

充分认识家庭教育的重要性和必要性，配合社会各职能部门办好家长学校。家长学校是传播科学教子知识的重要载体。家长学校本着教学时间上求活、教学内容上求新、教学效果上求实的宗旨，合理安排教学时间和教学内容，有针对性地搞好教学，并通过丰富多彩的家教活动，诸如家教知识讲座、家教经验交流会、家长园地、家长开放日、悄悄话信箱、各种竞赛和论文研讨活动等，普及家教知识。家长学校通过上述活动，使家庭、学校形成合力，真正达到普及家教知识、传授科学教子经验、优化家庭教育环境、促进青少年儿童健康成长的目的。

2. 加强联系，及时了解学生成长的家庭环境

学校每学期都要召开家长会，向家长宣传学校的中心工作，让家长了解学校要求，有的放矢地指导教育孩子，做到与学校教育保持一致。同时，学校要鼓励教师家访，了解学生家庭变化、家庭教育环境，有的放矢地教育孩子。

3. 教育引导，正确发挥家庭教育的基础作用

随着生活水平的日益提高和社会竞争的日趋激烈，人们对子女的期望越来越高，对教育给予了前所未有的关注与投入，许多家长自觉不自觉地参与了教师的工作，成了"助教"。但家长的苦心耕耘，并没有使其得到丰硕之果，而是陷入了尴尬境地。究其原因，是家长强烈的参与意识与不科学的家庭教育之间的矛盾。因此，学校要做好家庭教育引导，正确发挥家庭教育的基础作用。

美国心理学家哈里森说："帮助儿童的最佳途径是帮助父母。"一方

面，学校教师要帮助家长树立正确的家庭教育观念。家庭教育是学校教育和社区教育的基础和补充，不是"哄孩子"，不是惩罚，不是不停说教，不是"树大自然直"的淡薄，也不是只"抓孩子的功课"。陶行知先生说："发现你的小孩，了解你的小孩，解放你的小孩，信仰你的小孩，变成一个小孩。"家长只有保持童心童趣，了解孩子，才能教育孩子。教育是一件天长日久的事情，要求有铁杵磨成针的精神。有的家长对孩子的期望很高，但教子只是一时的热情，而无持之以恒的心志。家长要以身作则，树立威信。在家里，威信是孩子对父母的一种爱恋、信赖、尊重和肯定的态度。家长的威信越高，教育效果就越好。只有孩子心悦诚服地信赖父母，热爱父母，才能接受父母的教育。另一方面，学校教师要帮助家长改变错误的家教态度和方法。管制是很多家长喜欢用的方法之一，他们对孩子的缺点特别敏感。用种树来比喻，不能只顾剪枝、除虫儿，不注意浇水施肥、提供营养。家长当然要帮助孩子克服缺点，但更重要的是发现他们的优点，发扬他们的优点，使之成材。除此之外，放任、纵容、唠叨……都是家庭教育中常见的错误方式，现在一些孩子性格上的障碍，通常是家长没有分寸，不懂孩子的年龄特征、心理特征而过多地干预孩子的生活世界造成的。

（三）家庭方面

家庭教育具有早期性、连续性、权威性、影响性和及时性等特点，为此家长要注意以下几个方面。

1. 转变理念，充分认识家庭教育意义

教育孩子是每个家长的责任和义务，父母的言行会对孩子的成长产生潜移默化的影响，发生着"润物细无声"的作用。所以，必须重视和加强家庭教育，强化家长的垂范意识和责任感，使其不断学习家教知识，给家庭教育注入新的内涵与理念。良好的家庭教育是培养高素质人才的必备条件，更是优化孩子心灵的催化剂。作为家长，只有充分认识家庭教育的重要性，自觉地做好孩子的教育工作，尽好家长的责任与义务，才能促进孩子的全面发展，才能为构建和谐社会培养出合格的人才。

2. 沟通引导，构建良好家庭教育环境

因为环境因素有广泛性、经常性、自然性和偶然性的特点，所以，孩子会受到种种影响。尤其是自然性的特点，它会产生与教育相平行的影响，也会产生与教育相矛盾的影响，这时孩子的身心发展可能是有利的、积极的，也可能是不良的、消极的。所以，不能低估环境因素的作用。在不同的家庭中成长的孩子，往往具有不同的个性心理倾向。俗话说，"近朱者赤，近墨者黑"，这在一定意义上说明了环境对人的影响作用。古代曾有"孟母三迁"，从"其舍近墓"到"迁居市旁"，最后徙居"学官之旁"，终于使孟轲在学官的影响下，成为学者。这说明人们很早就重视环境对人的影响作用。无疑，温馨和睦、民主宽松的家庭人文环境，有利于孩子的健康成长。

3. 厘清方向，树立现代家庭教育观念

家长要改变过去教育孩子要出人头地、光宗耀祖的狭隘观念，努力把他们培养成有理想、有道德、有文化、有纪律、德智体美全面发展的社会主义事业建设者和接班人；要改变孩子必须无条件服从家长的传统观念，积极培养他们的科学民主、自立自强、公平竞争与合作等现代意识；要改变重智轻德体，重知识轻能力的观念，重视良好心理素质的培养和人际关系协调能力的发展，促进孩子的全面发展。

4. 持之以恒，不断提升家庭教育能力

父母的"言、行、举、动"都将在孩子洁白无瑕的心灵上铭刻下难以泯灭的痕迹，对孩子思想、性格、品德、作风的形成产生深远的影响。所以，父母要以身作则，讲文明，讲礼貌，有意识有步骤地教给孩子应对进退、待人接物的礼仪，循循善诱，持之以恒，使孩子耳濡目染从小就受到真善美的陶冶与感化。在家庭教育中，教育者是家长，被教育者是孩子。在这个关系中，家长是家庭生活的组织者，是家庭大厦

的支柱，是孩子生活的依靠；家长与孩子一般地说是朝夕相处，利害与共，命运一致，关系亲近。在这种特点的生活环境中，家长具有权威性，孩子非常尊敬家长，家长与孩子关系密切，这是家庭教育的一个优势。但优势能否发挥出来，家长能否与孩子亲密无间，能否严格约束自己，受到孩子的尊重，这就要看家长的修养如何。若家长的素质、言行不足以让孩子依赖，家长经常说空话，那么孩子就不听家长的话，家庭教育的特点、优势就发挥不出来。

家长要不断提高自身素质，一言一行、事事处处为孩子做出表率，使孩子受到良好的品德熏陶。要紧跟时代发展，不断吸纳新思想、树立新观念、研究新方法，做智慧型的家长。要建立良好的家庭关系，让孩子从温馨和睦的家庭环境中感受到生活的美好，促进孩子身心健康成长。

5. 理性教化，转变家庭教育方式方法

要学会与孩子沟通，通过言传身教，把理性的教化、爱的滋润、美的熏陶有机地融为一体，倾注到孩子的成长过程中去，指导孩子在做事中开智明理；要尊重理解孩子，以平等的眼光看待孩子，尊重孩子的爱好兴趣，给孩子一个充分展现自我的空间；要多鼓励孩子，不要总是把他与其他孩子作横向比较，要多看其自身的发展与进步；要允许孩子犯错误，并给他改正错误的机会。

家庭是社会的细胞，社会的强盛是扎根在家庭这一基础之上的。只有齐抓共管，进一步形成家庭教育工作的合力，才能推进和发展家庭教育，才能真正促进青少年健康成长，为和谐社会的构建和社会主义的建设培养合格人才。

第三节　社区在公益教育及实践中的依托作用

目前，我国的家庭中有相当数量的独生子女，家长对其百般呵护，造成了独生子女的"温室效应"。随着住房条件的改善、家庭的小型化，孩子在与外界的接触等方面存在着不同程度的社会交往"退缩症"。另外，由于长期以来传统观念的影响，我国的青少年教育中把知识、技能作为追求目标，而忽视了青少年的社会教育，产生了"围墙式"的教育，局限了青少年综合能力的提高和全面素质的发展。

种种现象表明，青少年教育不仅仅局限于校园教育，而是应当包括学校、家庭、社会的全方位教育。为此，北京师范大学中国公益教育研究所提出了学校—家庭—社区三位一体的公益教育。在公益教育中，社区应该发挥重要的作用，充分利用和开发社区教育资源，把社区教育作为青少年学校教育的补充，为青少年教育创造一个良好的大教育环境，促进青少年的健康全面发展。

公益教育是以青少年为中心，以家庭为基础，以学校为主导，以社区为依托的一种教育理念和教育活动，意在让所有的青少年能够积极地参与社会生活，与社会"充分融合"，培养青少年的社会责任感和全民的社会意识，增强他们的社会主人翁精神。要实现这样的目标，首先要做到的是使青少年融入自己所生活的社区这个小社会之中。这一过程需要青少年和

社区双方的互动，一方面青少年要主动参与社区生活，另一方面社区要主动地采取措施接纳青少年，并利用自身的资源为他们提供服务。可以想见，在达到公益教育所倡导的与社会充分融合、培养社会责任意识、增强主人翁精神这一目标的过程中，社区能够发挥巨大的作用。

一、社区在公益教育及实践中的依托作用

公益教育以课内和课外教育为依托，从小提高青少年的公益意识，培养青少年的公益行为，使其从自我做起，从自己身边小事做起，用自己的力量参与到改善家庭、学校和社区公共事务中来，进而树立责任感和主人翁精神。社区在公益教育中发挥着依托作用，它通过为不同年龄的青少年搭建有效的服务平台，让青少年充分参与到社区文化重塑和公共事务活动过程中来。通过参与，促进青少年对社会的认识和了解，增进青少年对社区的归属感和认同感，树立和培养青少年的责任感和使命感，让青少年逐步成为一个社会人。公益教育在社区依托作用下，使学校教育走向社会，使封闭式教育走向开放式教育，使学校阶段教育走向终身教育，在教育与社会之间、教育与学习者之间、教育与知识之间建立起一种协调、和谐关系，使教育扩展到社会生活的各个领域，并使教育与社会、经济、政治、文化、生活形成相互交织的整体。

（一）社区是公益教育及实践的平台

社区是公益教育的依托，任何公益教育活动的开展都离不开社区的资源与环境。社区作为社会环境、社区环境和家庭环境质量的集中体现，不仅对学校教育和家庭教育发生影响，而且直接左右公益教育的效果。任何一种公益教育活动的实施与开展，更是离不开社区的积极参与和支持。公益教育活动的开展不仅需要社区的环境资源、文化资源、企业资源等的支持；而且需要社区中人力资源的支持，包括社区中专业人才的专业帮助和

专业服务，以及社区中有一定影响的群众组织为公益教育所做的贡献；更需要社区的行政组织即街道办事处、居委会等组织资源，在对单位和个人进行协调的过程中发挥重要作用。除此之外，公益教育及实践还需要社区的财力物力资源支撑。公益教育及实践将社区纳入进来，就是为了发挥社区的资源优势，利用社区资源，通过协调社区内的企事业单位，筹措资金来加大对公益教育的投资。社区的博物馆、信息中心、活动中心等文化活动场所及各种娱乐活动设施，都是公益教育实践活动的场所和活动资源。因此，公益教育及实践必须依托于社区，社区是公益教育及实践的平台和舞台。

（二）社区是公益教育及实践的助推器

社区是社会发展的基本单位，是特定地域空间中的人群的社会共同体。人一生生活在社区，青少年的成长和发展更离不开社区，并在很大程度上受制于社区环境。同时，社区是一个地域性的小社会，更是一个人文区位，是社会空间和地理空间的结合。因此，社区会因地域、环境、人文等存在着很大的差异。良好的社区可以为公益教育及实践提供更多的资源、更好的文化氛围、更有利的因素，促进公益教育的健康、稳定、协调发展。因此，发育良好的社区是公益教育及实践的助推器，有助于推动公益教育及实践的更快发展，为公益教育及实践的发展提供有效的社区资源支撑，服务于公益教育活动；反之，发育成熟度低的社区对公益教育的支撑力度有限，在某种程度上会影响公益教育的进展。因此，良好的社区对公益教育的发展起着促进作用，是公益教育的助推器。

（三）社区是公益教育及实践的服务对象

公益教育是将在校青少年的课内学习和课外学习，学校教育与家庭教育、社区教育相结合的一种教育模式；公益教育实践活动，既可以满足于在校青少年学习目标的需要，又可以服务于社区需求。公益教育实践活动的开展是以社区服务需求为前提的；社区是公益教育的服务对象，离

开了社区，公益教育就失去了服务对象，更谈不上青少年公益教育实践活动的开展。

（四）社区是公益教育资源的调动统筹者

公益教育实践活动的开展，需要各种社区资源的调动与配合，需要社区的组织资源、人才资源、财力物力资源等。要想在公益教育实践活动中充分利用各种社区资源，就需要打破社区中条块分割的垂直形式的管理体系，建立一个跨部门的横向综合协调部门来联系和协调社区内的所有单位和个人。这样的部门只有以社区为依托才能更好地发挥功能。

二、发挥社区在公益教育及实践中的依托作用

社区在公益教育中依托作用的发挥不是自发地进行的，学校和家庭必须发挥能动性，有意识地开发社区资源，利用社区资源。如此，才能确保社区依托作用的有效发挥。

（一）学校要树立社区本位意识

任何学校都存在于一定的社区之中，学校是社区的一部分，是社区的资源。长期以来，人们受传统观念的影响，认为青少年教育只是学校的事情；而学校也只是关起门来进行教育，不关心社区的发展，更不关心社会的事情。随着社会的快速发展，一旦走出校门，青少年很难适应外部的社会。于是，不少人对封闭的学校教育体系提出了批评，认为学校教育不能隔绝于社会，脱离生产和生活的实际，公益教育更是如此，应该通过公益教育实践活动将家庭的日常生活教育、学校的智力知识教育、社区的社会责任教育融于一体。因此，在推行公益教育的过程中，学校必须克服自我封闭的倾向，树立"以社区为本位"的意识，立足于本社区的发展。具体来讲，就是学校在策划设计公益教育实践活动时，要充分考虑本社区的现

实情况，开发和实施社区本位、服务本社区的公益教育实践活动。此外，学校在推行和实施公益教育实践活动的过程中，要主动地与所在社区的政府部门、企事业单位保持密切联系，开展有效合作。只有这样，学校在开展公益教育实践活动的过程中才能充分利用社区资源，有效发挥社区的依托作用。

（二）家庭要有社区归属意识

任何一个家庭都生活在一定的社区之中，家庭是社区中的一员，是社区的重要组成部分；而家庭居民的生活需要是社区存在的前提和基础条件之一，社区建设的好坏直接影响着家庭居民的生活福利水平。在公益教育实践活动中，家庭发挥着基础作用。家庭基础作用的发挥离不开社区环境的影响与制约，社区环境对家庭教育乃至青少年教育起着潜移默化的作用，公益教育实践活动更是离不开社区环境的支撑和社区的依托。可见，社区的建设直接关系着公益教育实践活动的有效开展。因此，在公益教育实践活动进行中，家庭一定要引导孩子树立社区归属意识，树立居住社区、服务社区、建设社区的理念和意识。

（三）社区要建立和完善管理机制

社区作为公益教育的依托者，担负着有效开展公益教育的重要责任和任务，尤其是承担着整合、协调、调动社区内各种资源的功能。社区要想在公益教育实践活动中发挥有效的依托作用，应该以行政辖区为规划，以政府部门为主导，建立和完善一套固定的管理机制，组织和协调社区内的各个单位，建立起一个多要素、多层次、全方位的网络体系，按计划、最大限度地调动资源为公益教育提供有效服务，更好地发挥社区依托作用。

第四节　公益教育及实践联动机制的构建

《现代汉语词典》中，"机制"指的是有机体的构造、功能和相互关系，泛指一个工作系统的组织或部分之间相互作用的过程和方式。公益教育及实践机制，实际上指的是公益教育及实践的运行和工作的过程和方式，是一种需要学校、家庭和社区共同参与的联动工作机制。

一、公益教育及实践联动机制

公益教育及实践联动机制是以青少年为中心，以家庭为基础，以学校为主导，以社区为依托，以公益教育为纽带，融家庭日常教育、学校主导教育和社区服务教育于一体的家庭、学校和社区的三方联动机制（见图2-1）。三方承担着对青少年培养的共同责任。具体来讲，公益教育及实践联动机制包含以下几个方面的内容。

（一）以青少年为中心，鼓励其积极参与公益教育及实践活动

公益教育及实践的参与主体是青少年，受益主体也是青少年，公益教育实践

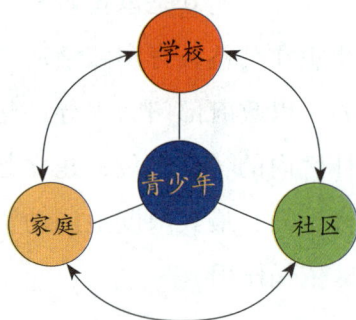

图2-1　"家庭—学校—社区"联动的公益教育及实践机制

活动的开展更是围绕着青少年综合实践能力的培养而展开，因此，青少年是整个公益教育及实践的中心。在公益教育及实践中，应鼓励青少年积极参与，使其以"主人"的身份主动、积极地投入学习中，强调让青少年亲自参与社会问题的调查、观察、研究、分析、服务、反思和总结等实践活动。让青少年在不断变革自己已有的知识结构的过程中构建新的认知结构，更重要的是通过公益教育及实践活动，给青少年提供更多获取知识、经验和情感体验的渠道，推动他们去关注社会问题，积累一定的社会感性知识和社会实践经验。

（二）以公益教育实践活动为纽带，启动家庭、学校和社区的三方互动

青少年核心素质的培养，公益教育实践活动的开展，离不开家庭学校和社会的共同努力。这不仅需要教师在课堂上运用各种教学方法，利用各种校内教学资源；而且需要教师在课外、校外和社会实践活动中，充分利用各种校外资源，并积极和社会组织、民间团体、家庭密切联系，加强沟通，争取他们的配合与支持。但在我国现实实践中，家庭、学校和社区往往处于隔离状态，很难实现三方的互动；而公益教育实践活动恰好是三方良好互动交流的纽带，也是让三方联系起来的一种有效途径。因为服务是社会的基本职能，而每个社区都存在着许多问题，社区可以把问题提供给学校，让青少年根据自己的能力和兴趣，用所学知识帮助社区、服务社区。学校教师和学生也可以根据课程教学的需要，主动到社区调查和收集问题，为社区提供有目的的服务。家长在此过程中，既可以做一个信息提供者，又可以做一个服务的指导者和监护者，提醒青少年在服务中注意安全，并为他们的服务提供及时的指导和帮助。教师、父母和社区工作者共同参与到公益教育及实践当中，这不仅能让青少年认识到自己不仅能从教师那里学到知识，还能从其他人那里和实践中学到书本上学不到的知识和技能，从而更懂得如何尊重他人、关心社会。这种三方合作的教育模式也让家长和社区工作者认识到，教育不仅仅是学校的事情，青少年健康全面的发展需要社会各方的共同努力。

（三）以家庭为基础，推动公益教育及实践活动日常化、习惯化

家庭是公益教育活动的重要支持者、参与者和倡导者，公益教育及实践活动的开展很大程度上取决于家长对孩子的支持程度。家庭是公益教育的基础，每个家庭都存在涉及公益教育方面的一些问题，如节水问题、节电问题、垃圾分类等。这些问题的处理和解决正是家庭开展公益教育的良好机会和途径。家庭对公益教育活动的开展和支持情况决定了公益教育能否日常化。将公益教育活动贯彻到实处，对社会生活中的实际问题进行观察、发现和解决，可以培养孩子独立思考和独立解决问题的能力，将公益教育及实践活动变成青少年日常生活中的一项内容，增强青少年开展公益活动的积极性，使公益教育活动日常化、习惯化。

（四）以学校为主导，保障公益教育及实践活动组织化、正规化

学校是开展公益教育活动的主体，也是公益教育活动的有效组织者和实践倡导者。首先，家长和青少年都对学校开展的各项活动有着高度的认同感，这使得学校能够顺利开展公益教育及实践活动；其次，学校开展公益教育及实践活动，有着公益教育的具体对象，有着较强的师资力量和活动场所；最后，学校作为公益教育活动的组织者和实践倡导者，在社会上有着较为广泛的支持度，容易获得社会的认可和支持。因此，只有学校作为公益教育及实践活动的主导，才能保证公益教育活动的组织化和正规化，从而为公益教育及实践活动的开展创造一种良好的长效运行机制。

（五）以社区为依托，培养居民的公益意识和社会责任感

公益教育及实践活动的顺利开展必须依托一定的社区环境，并获得社区的环境资源支撑。加强公益教育及实践活动的社区开展和宣传，一方面可以扩大公益教育及实践活动的影响力度，教育更多的居民爱护社区、建设社区；另一方面还可以提高社区居民对公益教育及实践活动的认可度，

通过公益教育及实践活动使更多居民受益，学到多方面知识，如环保知识、气候变化知识等。公益教育及实践活动的宣传，既锻炼和培养了青少年的综合社会实践能力，又增强了其他公民的公益意识和社会责任感，从而有助于增进他们对社区的认同感，构建和谐社区，创造美好社会。

二、构筑"家庭—学校—社区"联动的公益教育及实践机制的必要性

公益教育及实践总是在家庭积极支持、学校组织和一定的社区环境下进行的，公益教育及实践的有效开展通常离不开家庭、学校和社区的有效互动。而现实中家庭、学校和社区在公益教育方面的彼此隔离关系，使得构建"家庭—学校—社区"联动的公益教育及实践机制的要求日益迫切。

（一）家庭—学校—社区对公益教育的需求要求构筑相应的联动机制

家庭、学校、社区乃至社会对公益教育的重要性都持一种非常认可的态度。家庭希望通过公益教育实践活动的开展培养孩子健全的人格；学校希望通过公益教育实践活动的开展培养学生的综合实践能力和素质；社区希望通过公益教育实践活动的开展丰富社区服务的内容和形式；社会希望通过公益教育实践活动的开展提高整个国民的素质，提升国民的社会责任感和主人翁精神，增强社会管理创新能力。总之，家庭、学校和社区乃至整个社会都存在着对公益教育的需求。面对目前中国公益教育的残缺和断层，构建"家庭—学校—社区"联动的公益教育及实践机制，推进公益教育的发展进程成为一种必然。

1. 家庭对公益教育的需求状况

家庭对公益教育的重要性非常认可，几乎所有家庭都认为孩子人格的培养重于智力的学习。公益教育方面的内容也是家庭教育内容的主要方面，家长也希望通过公益活动的开展提升孩子的社会实践能力，使孩子深刻地了解社会、认识社会，成为一个有责任、有担当的人。家长虽然存在

着对公益教育的明显需求，但是由于缺少适当的参与公益教育的活动机制，其参与公益教育实践活动的次数和积极性降低、弱化，仅仅停留在对公益教育的需求层面，从而大大减缓了公益教育发展的步伐。

2. 学校对公益教育的需求状况

我们的调研发现，几乎所有学校都曾经开展过公益教育方面的相关活动，有的学校还有系列的公益教育专题活动，有的学校结合教师特长并利用家长资源开展过内容丰富多样的公益教育类活动，而且，公益教育类方面的活动本身就是学校品德课程和综合实践课程的主要内容。因此，学校里并不缺少公益教育活动。但是，学校公益教育活动的内容多围绕教材内容展开，缺乏体验式的公益教育活动，有的甚至把品德课程上成了知识课程，严重背离了这类课程对学生人格培养的目标。因此，学校仍然需要通过多样的公益教育活动的开展，丰富学生的课余文化生活，锻炼学生的社会实践能力，提升学生的社会认知能力，培养学生的社会责任感和主人翁精神，增进学生的社会认同感，从而助力和谐社会的构建。

3. 社区对公益教育的需求状况

从我们对社区调研的情况来看，几乎所有社区都不同程度地开展过公益教育或类似于公益教育的活动，但是社区所开展的公益教育活动存在着公益教育内容单调、形式单一、不够完善和成熟的缺陷，而且缺乏长效机制。通过对基层社区的调研发现，社区对公益教育还是有着比较强烈的需求意愿，社区希望通过公益教育实践活动提升社区的服务能力、丰富社区的服务内容、调动社区居民的参与热情，更希望通过公益教育实践活动来完善社区资源环境建设，为公益教育实践活动提供更好的发展空间。

正是因为家庭、学校和社区对公益教育有着强烈需求，但又缺少畅通的公益教育参与机制和渠道，决定了构筑"家庭—学校—社区"联动的公益教育及实践机制的必然性。

（二）全面实施素质教育发展战略的需要要求构筑相应的联动机制

全球化进程的快速推进，科技信息的迅猛发展，加剧了中国社会转型的步伐，对人才的培养提出了更高的要求和新的挑战。未来人才的培养必然是高素质、复合型人才的培养，全面素质教育发展战略的实施正是适应时代发展的步伐而提出了人才培养发展战略。从调研情况看，当前的书本教育和有限的公益教育及实践活动远远满足不了全方位、高素质人才的培养要求，而公益教育恰好可以弥补这方面的不足，通过公益教育实践活动的开展尽可能地实现全面素质教育发展战略。因此，我们亟待构筑一种促进公益教育健康、有效发展的"家庭—学校—社区"联动的公益教育及实践机制。

1. 社会责任感的培养需要

古人云："天下兴亡，匹夫有责。"一个好的公民应当是一个有高度社会责任感的人，应当具有鲜明的道德意识、民主和法律意识、权利和义务意识、环保意识、政治意识等。社会责任感是一个人品德素质中最重要的特征之一。因为一个社会责任感不强的人是不可能在社会工作中做出杰出贡献的。反之，由于工作责任心不强而给国家和人民生命财产带来严重后果和损失的例子不胜枚举。在知识经济时代，中华民族曾经错失了一次又一次的发展机遇。如今，再也不能错失良机，而要增强国力、振兴中华，关键是要提高整个民族的素质，要造就大批具有高度社会责任感的优秀公民。现在，青少年学生很多是独生子女，他们当中的不少人社会责任感不强，"自我"意识却很强，很少想到自己的一言一行都是与他人、与社会、与国家、与自然相联系的，更没有想到自己应负的责任。在市场经济的影响下，他们的人生观、价值观也偏离了方向。他们在学校接受的是"理想教育"，但在社会上接受的是"商品教育"，在家中则是"实惠教育"。因此，我们必须要通过构筑"家庭—学校—社区"联动的公益教育机制，促进公益教育发展，从小培养在校青少年的社会责任感和健全的公民意识。因此，要通过构筑"家庭—学校—社区"联动的公益教育及实践

机制，加强对在校青少年的社会责任感教育和公民意识培养。

2. 实践创新能力的培养需要

创新能力是民族进步的灵魂、经济竞争的核心。当今世界的竞争与其说是人才的竞争，不如说是人的创造力的竞争。在科学技术飞速发展的今天，创新意识和创新能力越来越成为一个国家国际竞争力和国际地位的最重要的决定因素。有资料分析表明，中国学生应试能力很强，但动手能力特别是创新能力较差，与美国等西方发达国家学生存在着明显的差距。中国学生之所以创新能力不足，一个重要原因是在应试教育体制下，缺少创新的社会实践活动，淡化了创新兴趣和意识。通过构筑"家庭—学校—社区"联动的公益教育及实践机制，可以有效地提供公益教育的畅通渠道和参与途径，更好地促进公益教育的发展，增强青少年社会实践能力，使其深度认识自我、激发创新热情和兴趣，有意识地加强青少年创新能力和意识的培养，提高其实践创新能力。

3. 青少年自身全面发展的需要

青少年是祖国的未来、民族的希望，是和谐社会建设的积极参与者，又是先进生产力的创造者、科学文化的传播者，他们的健康全面发展将会形成一种朝气蓬勃、积极向上的力量。构筑"家庭—学校—社区"联动的公益教育及实践机制，重视家庭、学校和社区的互动沟通，建立由家庭、学校、社区和青少年共同参与的公益教育及实践体系，一方面可以完善青少年的实践教育体系，指导青少年的实践学习；另一方面可以拓展青少年的学习途径。通过这种模式的构筑，如在社区中设立社区学校、家长学校，可以充分发挥社区和家庭的功能，指导社区和家庭帮助青少年健康全面成长，为青少年提供更加便利的受教育条件和机会，从而满足青少年自身全面发展的需要。

（三）青少年社会化的需要要求构筑相应的联动机制

关于青少年社会化模式的变迁，社会学认为，所谓青少年的社会化，是指青少年从生物人成长为社会人，并逐步适应社会生活的过程。在这个过程中，社会文化得以积累和延续，社会结构得以维持和发展，青少年的个性得以形成和完善。而构筑"家庭—学校—社区"联动的公益教育及实践机制，实现公益教育及实践的有效进行，通过家庭、学校和社区之间的互动交流，可以帮助青少年更好地健康成长，顺利完成社会化过程，提高社会参与意识和公民意识。

1. 青少年社会化路径探索的需要

在当今急剧变化的时代，人们的物质生活和精神生活都变得丰富多彩。这一方面给青少年的健康成长创造了良好条件，另一方面给青少年的健康成长带来了很多新的问题。随着我国政治经济体制改革的不断深入，多元价值体系不断造成冲击，使得青少年在成长过程中无所适从。另外，我国原有计划生育政策的实施，使得独生子女在我国青少年构成中占较大比例，"独"的环境给青少年的成长造成了不利的影响，使他们在成长的过程中表现出独立意识弱、自理能力差、任性、不合群、不善交际等问题。除此之外，家庭、学校、社会过分注重知识的掌握，导致了青少年的社会化发展和智力发展严重失衡。所有这些都是当前我国青少年社会化过程中真实存在的问题。这些问题的出现，绝不是社会单一某个环节的失调，也不是依靠某种单方面的力量能够解决的，必须依赖全社会各方面力量的配合。而家庭、学校和社区可以说是青少年社会化过程中的主要影响因素，构建"家庭—学校—社区"联动的公益教育及实践机制，实现三方互动交流与合作，优化青少年的社会参与环境，提供青少年的社会参与机制，将有助于青少年社会化的顺利完成。

2. 青少年认识社会窗口建设的需要

现代社会的快速发展和就业的严峻形势，使得家庭、学校和社会更多地关注青少年智力知识的掌握，较少关注青少年的社会化问题。正如调研中一些校长谈到的"现代孩子都学傻了"，实际上正是大多数青少年面临的一种无奈而尴尬的局面。缺少社会实践机会，缺少认识社会的途径和渠

道，大大影响了青少年的社会化进程。而公益教育正是以广大青少年为服务对象，通过建立家庭、学校和社区的三方联动机制来提供实践教育，其最终目标是促进青少年更好地实现社会化，推动青少年公民意识和利他意识的形成，增进青少年社会责任感和社会参与度，最终实现青少年全面发展和社会进步。

3. 青少年公民参与意识培养的需要

具备良好参与意识的公民是形成公民社会的关键性因素。当今发达国家都非常注重公民参与意识的培养。例如，英国中小学有各种各样的学生社团，鼓励学生积极参与学校社团的管理，使他们有机会对实际问题进行分析并设计解决方案；在日本有社会性指导，主要是使学生明确学校生活及社会生活中的应有表现，培养其作为集团和社会中的一员所应具备的社会性资质。而在我国当前教育大环境下，青少年过多的时间和精力主要集中在应试教育上，基本上没有时间或很少关注和参与社会的实践活动，大大影响了青少年公民意识的培养。而一国国民是否普遍具有公民意识以及公民意识的强弱，往往体现了一个国家政治体制的健全程度。公民具有强烈的公民意识，就能促使国家的政治体制日益健全、趋于完善。而要实现政治民主，就需要在全社会广泛进行公民教育，树立公民意识。构筑"家庭—学校—社区"联动的公益教育及实践机制，不仅可以提高青少年的社会参与度，也可以提高青少年的公民意识，增强青少年的社会责任感，最终实现人的全面发展与社会的和谐进步。

三、构筑"家庭—学校—社区"联动的公益教育及实践机制

北京师范大学中国公益教育研究所在对家庭、学校及社区大量访谈、调研，以及借鉴国外公益教育经验的基础上，针对我国公益教育的现状，从多个层面提出了构筑"家庭—学校—社区"公益教育及实践联动机制的对策与建议。

（一）家庭层面

从对家庭的调研情况来看，家庭对公益教育持支持态度，希望通过公益教育活动的开展塑造孩子健全的人格，培养孩子良好的品质。但是，大多数家庭都把公益教育及实践活动的开展寄希望于学校，没有认识到公益教育与家庭之间的联系，以及公益教育实践活动与家长参与支持的关联。为此，我们针对家庭层面调研中的具体问题提出了针对性的对策建议。

1. 加强家长培训，改变家庭观念，使公益教育走进家庭

公益教育实际上就是通过学习和服务的有机结合，实现青少年理论和实践的结合应用，既提高青少年的理论知识水平，又提高青少年的社会实践能力。公益教育的一些内容本身就是家庭教育涉及的内容，只不过没有把它上升到公益教育的高度。从项目组对家庭调研的情况看，家庭对青少年公益教育活动的参与性有着较大的影响。家庭支持，并能够把公益教育方面的内容落实到家庭，如节约教育、文明教育等，青少年参与公益教育活动的次数比较多，便能够通过公益教育活动得到锻炼和提高，从而增强综合实践能力，提高社会责任感和主人翁精神，明白自己作为社会的一分子，是可以为社会做点具体事情的。但是从项目组调研走访的家庭来看，依然存在着家长公益教育意识淡薄、公益教育参与意识不强的现象。因此，很有必要加强家长培训，改变家庭的传统观念，真正使公益教育走进家庭，落到实处。

2. 鼓励家长走进学校和社区，加强家庭与学校、社区的互动联系

从调研走访的家庭来看，每个家庭虽然都非常支持公益教育，但把公益教育的具体实施寄托在学校身上，自己只停留在参与的层面上。其实，家庭也是公益教育的具体实施者，家长也可以根据自己的知识和特长，主动走进学校和社区，针对具体情况，指导青少年提出问题、分析问题、解决问题。在公益教育活动中，家长可以扮演实施者和指导者的角色，积极参与到学校和社区的公益教育活动中，加强与学校、社区的互动联系，多方理解和掌握青少年各方面的发展状况，针对青少年出现的问题有针对性

地加强教育，帮助青少年更好地实现社会化。

3．支持青少年参与公益教育活动，提高青少年参与公益教育的热情

家庭的鼓励与支持对青少年来讲是非常重要的，家长要多鼓励和支持青少年的一些想法，多进行指导，提高青少年参与公益教育的热情，培养青少年的爱心和主人翁精神。

（二）学校层面

学校是公益教育的有力组织者和倡导者，是公益教育实践活动顺利开展的组织保障。但调研中发现，学校在公益教育实践活动的开展方面仍然存在着缺乏系统性、缺少专门教师、缺少课程设置和开展模式等方面的问题。针对学校在开展公益教育方面的这些问题，借鉴美国服务学习的成功经验，我们提出了以下对策建议。

1．改革现行的教育评价体系，创造开展公益教育实践活动的基础和条件

当前在我国现行的教育体制下，学校、教师、家庭和学生关注的主要是学生的智力知识，即主要关注学生分数的高低，并把分数作为教育教学的一个重要评价体系。这在很大程度上影响了学校、教师、家庭和学生开展公益教育实践活动的积极性，占用了开展公益教育实践活动的时间，使学校和教师都无暇或无必要顾及公益教育实践活动的开展情况。因此，很有必要改革现行的教育评价体系，采用多元化的评价指标体系，创造开展公益教育实践活动的基础和条件。

2．加强师资配备，保证公益教育实践活动的顺利开展

从对学校调研的情况来看，虽然各个学校都曾开展过公益教育实践活动，但这种活动的开展往往取决于学校教师的配备情况。有专职教师的学校，公益教育实践活动开展的次数多，活动内容丰富，学生参与积极；而缺少专职教师的学校，公益教育实践活动的开展往往带有很大的随意性，没有正规化和系统化，也没有形成一种长效机制。在项目组调研的学校中都存在着师资配备不足的问题，缺少专职教师，这在很大程度上影响了公益教育实践活动的开展。

3．改变学校和教师的观念，发挥公益教育课程的重要作用

项目组调研的学校，虽然都对公益教育持一种肯定和支持的态度，但在公益教育实践活动的开展上却存在着参差不齐的现象。重点学校和国际私立学校的公益教育实践活动开展得比较好，而大多数普通学校的公益教育实践活动开展得不很理想。而且，在学校和教师的心目中，公益教育方面的课程，如品德课程和综合实践课程等往往被学校和教师当成副课，被边缘化，有时甚至被主课教师随意挤压，其重要作用没有被真正发挥出来。因此，很有必要改变教师的传统观念，加强师资培训，提高教师的公益教育意识，使公益教育在学校落到实处，发挥公益教育类课程的重要作用。

4．加强教师培训，改进评价体系，推进公益教育实践活动顺利开展

公益教育实践活动是将社会服务与理论学习有机结合的一种模式，这种教育模式对教师现有的教育方法提出了较大的挑战。在公益教育实践活动过程中，需要准备、实施、反思、总结和评价等多个环节的互动。这不仅需要教师做好现有的教学工作，还需要教师多与家长和社区进行沟通与联系。因此，学校有必要加强公益教育方面的培训活动，确保公益教育实践活动产生良好效果。同时，学校还要改变现行以分数为目标的单一教师评价体系，采用多元化的评价指标体系，并将公益教育开展的效果评价纳入教师评价体系之中。

（三）社区层面

社区是公益教育的参与者和环境资源的提供者，但从调研的社区中发现，当前社区还没有形成开展公益教育的完善机制，存在行政功能强化、社区公益教育意识淡薄、与家庭和学校之间存在壁垒等问题。我们针对这些问题提出了具体的政策建议。

1．建立社区公益机构和组织，强化社区的社会化服务功能

当前，我国的许多社区之所以难以发挥其社会化功能，很关键的一个原因就是社区中缺乏公益机构和组织。社区公益教育的开展，也因此显得

举步维艰。要开展公益教育，必须建立社区公益机构和组织。社区公益机构和组织是沟通学校、家庭和社区的桥梁和纽带，它们以帮助个体和团体开发潜能、实现价值，促进个体社会化为宗旨，不以赢利为目的，以促进社会福祉和公平为目标，活动范围覆盖教育培训、环境保护、福利救济、体育康乐、文化艺术、医疗保健等诸多领域。这些体现人文精神和社会责任的价值观，得到了有着不同政治主张、宗教信仰、文化素养、职业状况以及经济收益等的社会各阶层人士的广泛认同，对动员民间力量参与公益服务活动具有很好的感召效应。建立社区公益类机构和组织，一方面，可以通过其公益价值观渗透社区青少年，使其潜移默化地受到公益理念的熏陶和影响，更好地实现社会化和再社会化；另一方面，这些公益类机构和组织也为青少年开展公益教育提供了场域和平台。由此，建立社区公益机构和组织可以转变社区的功能，更好地推动公益教育的开展。

2. 建立社区公益教育的研究机构和组织，推进公益教育稳步前行

当前，公益教育在我国是一个全新的事物，学术界和实践领域对于它的探索也是刚刚开始。建立符合我国实际的公益教育体系，不仅需要家长、教师和社区工作者的实践探索和开拓，需要实际工作者经验的积累总结；而且离不开理论的指导，离不开专家学者的理论引导。因此，建立专业的社区公益教育研究团体与组织势在必行。这些专业的机构和组织参与社区公益教育的主要形式可以有：理论研究，探讨实践发展中的理论问题，探讨家庭、学校和社区合作开展公益教育的应用模式；直接参与社区公益教育实践活动，指导活动的开展，如设计活动流程、提供专业咨询、组织交流研讨会、开展专题调查工作、开展社区居民教育活动、培训教育工作者、分析研究活动以及总结推广活动经验等。据此可见，建立专业的社区公益教育研究机构和组织，可以有力地推动公益教育的稳步前行。

3. 建立协调机制，努力实现"家庭—学校—社区"的三维互动

鉴于目前家庭、学校和社区的相对封闭状态，我们应该诉诸更高一级的政府建立一种协调机制，从而实现"家庭—学校—社区"的三维互动。

第一，学校资源向家长开放。多数青少年的家长不是教育者，他们不懂得教育的规律，自然不会在家庭中创设良好的育人环境。孩子在学校中形成的良好学习习惯和行为习惯需要在家庭中得到延续得以保持，因此指导家长做好家庭教育工作至关重要。学校可以成立"家长学校"，确立一些家庭教育"必学"内容和"选学"内容，组织家长走进学校、走进课堂、走进多媒体学习；也可以开设学习班，就非智力因素的培养、独生子女的特点及教育、孩子假日生活的安排、新时代家长如何充电、家长与孩子沟通的艺术、帮助孩子面对挫折、家有顽童怎么办、弱化孩子的错误行为、值得家长注意的一些信号等主题举行讲座。

第二，学校资源向社区开放。可设立"开放日"，组织附近的社区居民到学校阅览室看报刊，以提高居民素质；到微机室学习，上网查阅资料及时了解所需知识，以与时俱进；上乒乓球室打乒乓球、上篮球场打篮球、上足球场踢足球，以强身健体，进而依托社区促进家庭教育的发展。

第三，社区资源向学校开放。请社区派出所人员到学校进行普法教育和安全教育；请交警来学校上交通法规课；请社区社会工作者到学校为学生介绍社区现状及需求。

第四，增加社会实践活动。利用周末组织志愿者到社区参加学雷锋做好事活动，打扫卫生，清理垃圾，帮助敬老院老人做一些力所能及的事情等。在学生和社区居民喜闻乐见的丰富的社区活动中，使学生更多地了解社会，增强体验，感悟责任。通过这些初步的协作和交流而形成一种长效机制，从而更好地推动公益教育及实践的开展。

4. 加大资金支持力度，保障社区公益教育顺利进行

资金是社区开展公益教育的重要基础和保障。鉴于目前开展公益教育的资金短缺问题，我们建议通过三种途径和渠道来解决：首先，呼吁各级政府将公益教育资金列入年度财政预算，设立专门的社区公益教育基金；其次，加大公益教育的宣传力度，向国内外各界募集资金；最后，在社区中建立社会服务类机构组织，进行低偿和微偿服务，将服务所得用于公益教育。

（四）政府层面

政府是整个社会公共物品提供的主体，也是公益教育的主要提供者，其决策和行为对公益教育有着极大的影响。因此，政府在公益教育实践活动中扮演着非常重要的角色。公益教育能否开展推行，主要取决于政府的决策；公益教育实践活动推行的效果如何，主要取决于政府的执行力度和监督力度；公益教育实践活动能否建立一种长效机制，依然取决于政府的支持力度。对此，我们特提出了以下政策建议。

1. 政府应为公益教育提供制度保障和财力支持

美国的服务学习之所以能够成功开展，与政府的支持和教育部门的重视密不可分。在我国的基础教育课程中虽然也有社区服务和实践的内容，要求学生服务社区，走进社区，珍惜环境，但是重视的程度远远不够，专项资金相对匮乏，没有从制度上规范学校到底应该怎么做、标准如何，也很少有专门的教育督导机构为学校提供专业指导。中小学公益教育实践活动的开展缺乏系统性和持续性，广大师生在认识上还没有意识到公益教育也是一种教育方法，不仅能提高学生的学习兴趣，促进学生的个性发展，培养学生的社会责任感，还能为社区建设做出贡献。因此，政府有必要从制度上规定学生参与公益教育的时间，并从资金上给予支持，从方法上给予指导。

2. 政府应为公益教育提供组织保障，加强公益教育的组织形式建设

学生综合能力的培养需要家庭、学校和社会的共同努力。尽管我国《基础教育课程改革实施纲要（试行）》中提出了要建立教育部门、家长和社会各界有效参与的课程建设和学校管理制度，但在具体实践中，学校、家长和社区之间的合作是很少的，家长到学校参加最多的活动就是家长会。三方缺少有效沟通联系的途径和方法。在现实中也缺少能够将三方整合起来的组织。因此，我们建议，设立整合家庭、学校和社区的"三结合委员会"，作为公益教育的组织保障，形成"家庭—学校—社区"三方互动的长效机制，确保公益教育的正常顺利开展。

3．政府应改革教育体制，将公益教育纳入义务教育过程

家庭、学校和社会对公益教育的重要性都非常认可，都认为公益教育在学生完善人格的培养方面扮演着重要角色；而这与公益教育被家庭和学校边缘化的现实存在着严重的冲突。之所以如此，主要与现行的教育体制有着密切的关系。因此，很有必要改革现行教育体制，将公益教育纳入义务教育的过程，以确保公益教育活动的顺利推行，发挥公益教育应有的角色和地位。

4．政府应优化公益教育的环境，培养全民的公益教育意识

政府应在全社会倡导和推行公益教育，创造和优化公益教育的环境资源，培养和提高全民的公益教育意识和公益行为。

第三章

青少年社区公益实践活动流程与步骤

第一节　青少年社区公益
实践活动整体流程

　　青少年社区公益实践活动在流程上主要包括活动准备、活动实施和活动评估三个阶段，每个阶段分别包含相应的内容（见图3-1）。在各个阶段具体的流程中，社区工作者要关注操作步骤，同时要特别留意其中的操作细节和关键（我们将在本章第二节中展开详细介绍）。

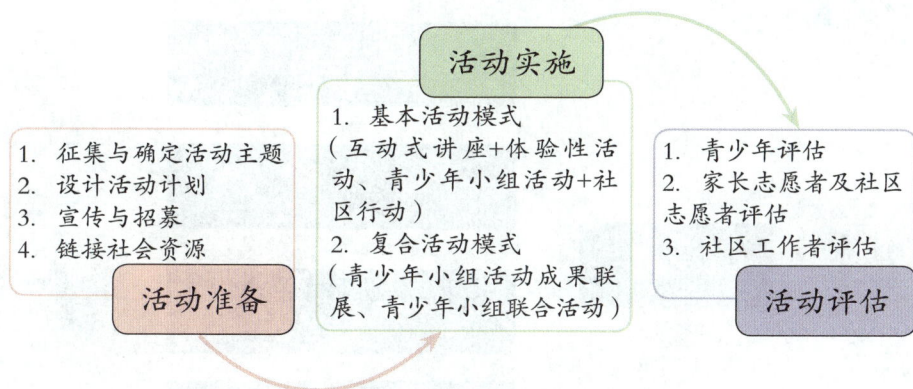

图3-1　青少年社区公益实践活动整体流程图

第二节　青少年社区公益实践活动具体流程及步骤

一、活动准备

良好的准备是成功的开端。充分、细致、扎实的前期准备，可以为下一步的活动实施奠定丰厚的基础，使得活动能够有序、系列、有意义地实施。活动准备包括四个环节（见图3-2），大家都不可小觑呦！

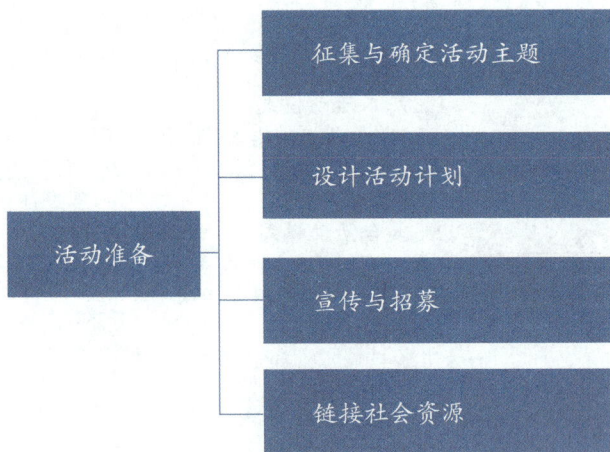

```
                    ┌─────────────────┐
                    │ 征集与确定活动主题 │
                    └─────────────────┘
                    ┌─────────────────┐
                    │   设计活动计划    │
  ┌────────┐        └─────────────────┘
  │ 活动准备 │────────
  └────────┘        ┌─────────────────┐
                    │   宣传与招募      │
                    └─────────────────┘
                    ┌─────────────────┐
                    │  链接社会资源     │
                    └─────────────────┘
```

图3-2　活动准备的四个环节

环节一 征集与确定活动主题

步骤	内容	方法与形式	所需物资及资料包
1★	调研社区居民	随访、入户访问、访问居民微信群或QQ群、社区居民网络论坛、居民信箱、居民座谈会	大白纸、笔、录音笔 附件1：青少年社区公益实践活动访谈提纲（详见第249页） 附件2：青少年社区公益实践活动意见征集表（详见第250页~251页）

操作细节和关键：

（1）访问对象：社区青少年、家长及青少年的祖辈。

（2）访问中重点记录：

第一，明确而清晰地向受访者说明访问或意见征集的目的：了解大家对青少年社区公益实践活动的需求和想法，更接地气、更有效地开展提升青少年核心能力的活动。

第二，居民的需求和其对活动形式、内容的具体想法。

第三，青少年及其家长能够参与活动的具体时间。

（3）记录方式：

第一，以亲和、友好的方式访问并记录。

第二，在访问对象同意的情况下，笔录或录音。

（4）整理访问资料：整理并统计多数有意愿参加活动的青少年及家长的想法，依此作为可参考的活动主题及设计活动计划的素材。

主要提升的社区工作者的能力：需求了解能力、沟通能力和归纳能力。

步骤	内容	方法与形式	所需物资及资料包
2	查阅社区资料	查阅以往活动的内容及组织情况等	以往相关的社区活动资料、笔记本、笔 附件3：社区工作者可参考的青少年社区公益实践活动主题（详见第252页）

操作细节和关键：

（1）了解以往活动的主题、内容、形式及人员参与情况。

（2）借鉴以往活动成功有效的经验或方法，避免以往活动中的不足，弥补以往活动中的疏漏。

主要提升的社区工作者的能力：信息研读能力、总结及概括能力。

续表

步骤	内容	方法与形式	所需物资及资料包
3★	结合社区及街道的工作指引	研读政策文件、提取主旨及关键	政府、街道及学校应时的政策文件，笔记本，笔 附件4：政府、街道及学校相关的政策文件及倡导（详见第253页～262页）

操作细节和关键：

根据政府、街道及学校提出的政策文件或倡导，提取出相应的活动理念或主题。这样做的好处一是在社区情境中，能够以活动践行社区政策；二是在青少年公益实践中，展现出社区与学校的联动。

主要提升的社区工作者的能力：政策研读能力、协同能力。

注：标有★的是必不可少的步骤，以下同。

环节二 设计活动计划

步骤	内容	方法与形式	所需物资及资料包
1	明确活动主题及内容	小组研讨、微信群或QQ群讨论	大白纸、电脑、笔记本、笔
2★	形成初步的活动计划	1～2人总结，形成初稿	电脑、笔记本、笔 附件5：活动计划模板（参考）（详见第263页～264页） 附件6：社区工作者活动分工表（参考）（详见第265页） 附件7：社区志愿者资源名录（详见第266页） 附件8：社区社会资源名录（详见第267页） 附件9：活动应急预案模板（详见第268页） 附件10：活动物资预算表（参考）（详见第269页）
3★	完善活动计划、明确分工	小组研讨	已形成的初步活动计划

续表

步骤	内容	方法与形式	所需物资及资料包
操作细节和关键： 活动计划是开展活动的核心和指引，需要花一些时间，参考信息，因时因境，讨论确定。设计计划过程中可以参考以下做法。 （1）在前期访问了解到的青少年及其他居民的需求和政策倡导中找到交集，作为活动主题。 （2）以"自身社区特点和资源"为本，参考或使用资料包中相应的附件，参考或补充资源链接中的信息，然后对活动框架、内容及方式进行较充分的讨论并记录。 （3）由1～2人负责执笔，将讨论结果写成初步的活动计划，再进行补充性讨论。 （4）务必明确活动中的人员分工，如招募、组织、物资准备等。 （5）务必考虑到实际活动中，可能出现的情形，如参加人数超出或少于计划招募人数，现场活动的设备（电脑或投影仪等）出现故障等，并提前做好应急预案。 （6）务必做好清晰、明确的活动经费预算。 （7）尽可能罗列出可链接到的社会资源，并积极联络以获得实际的资源支持。 主要提升的社区工作者的能力：组织能力、活动计划策划能力、合作能力、创新能力。			

环节三　宣传与招募

步骤	内容	方法与形式	所需物资及资料包
1*	宣传	海报、宣传单、LED大屏幕、居民楼书面通知、青少年及家庭微信群或QQ群等网络通知、楼长通知、电话通知等	制作各类海报或通知所需要的纸张、空间和经费等 附件11：各类活动宣传海报或单张模板 （详见第270页～274页）

续表

步骤	内容	方法与形式	所需物资及资料包
操作细节和关键： （1）总结以往活动中有效的宣传方式，继续使用。 （2）了解青少年和其他居民容易接受或习惯的宣传方式，特别关注青少年的朋友圈。 （3）应用微信、QQ等网络宣传手段。 （4）选择恰当的时间或醒目的地点进行海报或通知形式的宣传，以便社区青少年及其他居民及时发现并了解。 （5）宣传海报、单张或通知上的时间，以活动时间区间的形式注明，如"7月20日—25日"，待统计出大多数参与者能够参加的时间后，再明确通知具体的活动时间和地点。 主要提升的社区工作者的能力：宣传能力、公关能力、沟通能力。			
2★	报名及整理	统计人数，联系确认	附件12：活动报名表（青少年及家长）（详见第275页） 附件13：活动报名表（家长志愿者）（详见第276页） 附件14：活动报名表（社区志愿者）（详见第277页）
操作细节和关键： 统计报名人数，其中重点统计青少年所填写的能够参加活动的时间，选择较多人数能够参加的某个时间段开展活动。这样做既体现出以青少年为活动主体，又避免了以往开展活动时，因为青少年时间冲突而参与人数较少的情况。 主要提升的社区工作者的能力：统筹能力、归纳能力。			

环节四　链接社会资源

步骤	内容	方法与形式	所需物资及资料包
1★	联系各类资源（如学校、企事业单位、社会组织），以获得支持	走访、电话、网络、微信或QQ群联系	附件7：社区志愿者资源名录（详见第266页） 附件8：社区社会资源名录（详见第267页）

续表

步骤	内容	方法与形式	所需物资及资料包

操作细节和关键：

（1）在平时工作或活动中，要及时记录社区中可能的资源，如学校、物业、超市、福利院、银行等的联系人及其联系方式，建立相应的资源数据库。

（2）在必要情况下，积极走访各类资源以建立良好的关系。

（3）在秉持专业价值观的基础上，争取各类资源在人、财、物、时、空等方面的支持。

> 学校是一个很重要的社区资源，社区工作者一定要重视。学校是公益教育重要的认知场域，社区是公益教育重要的实践场域，二者保持紧密联动，能够为开展社区活动提供强大的助力，能够促进公益教育的知行合一，能够帮助青少年在社区这样的社会情境中获得利他行为的社会化。

社区与学校联动的具体策略：

（1）主动与学校主管德育的校长、德育主任、少先队辅导员建立联系。

（2）积极为学校在社区范围内开展的活动提供可能的资源。

（3）在每个学期末，主动与学校联系，及时了解学校假期社会实践活动的主题及要求，做好与学校的联动。

主要提升的社区工作者的能力：公关能力、资源链接能力、协同能力、人际沟通能力

步骤	内容	方法与形式	所需物资及资料包
2*	确定活动的协助方或赞助方	当面或电话、电邮、微信、QQ群确认	电话、电脑

二、活动实施

　　活动实施是活动流程的核心部分，包括基本活动和复合活动两种模式（见图3-3）。基本活动模式在以往青少年社区活动的基础上，融入青少年体验性、社会工作专业性和活动系统性的常用活动方式，包括互动式讲座+体验性活动、青少年小组活动+社区行动。复合活动模式是基本活动模式

的系列组合。两种活动模式都体现出以青少年为主体，促进其在体验中学习、在互动中思考、在反思中行动、在行动中增能的特点。

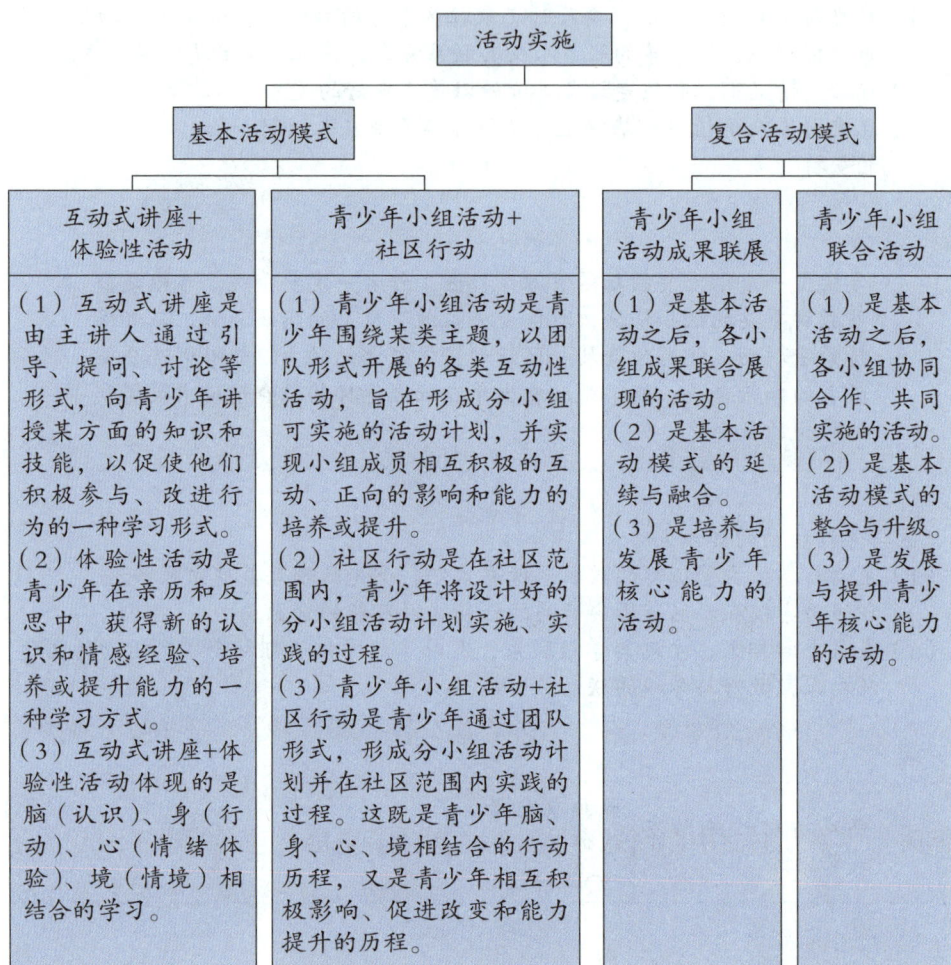

```
                        ┌──────────┐
                        │ 活动实施 │
                        └──────────┘
              ┌──────────────┴──────────────┐
      ┌──────────────┐              ┌──────────────┐
      │ 基本活动模式 │              │ 复合活动模式 │
      └──────────────┘              └──────────────┘
      ┌──────┴──────┐              ┌──────┴──────┐
```

互动式讲座+体验性活动	青少年小组活动+社区行动	青少年小组活动成果联展	青少年小组联合活动
（1）互动式讲座是由主讲人通过引导、提问、讨论等形式，向青少年讲授某方面的知识和技能，以促使他们积极参与、改进行为的一种学习形式。（2）体验性活动是青少年在亲历和反思中，获得新的认识和情感经验、培养或提升能力的一种学习方式。（3）互动式讲座+体验性活动体现的是脑（认识）、身（行动）、心（情绪体验）、境（情境）相结合的学习。	（1）青少年小组活动是青少年围绕某类主题，以团队形式开展的各类互动性活动，旨在形成分小组可实施的活动计划，并实现小组成员相互积极的互动、正向的影响和能力的培养或提升。（2）社区行动是在社区范围内，青少年将设计好的分小组活动计划实施、实践的过程。（3）青少年小组活动+社区行动是青少年通过团队形式，形成分小组活动计划并在社区范围内实践的过程。这既是青少年脑、身、心、境相结合的行动历程，又是青少年相互积极影响、促进改变和能力提升的历程。	（1）是基本活动之后，各小组成果联合展现的活动。（2）是基本活动模式的延续与融合。（3）是培养与发展青少年核心能力的活动。	（1）是基本活动之后，各小组协同合作、共同实施的活动。（2）是基本活动模式的整合与升级。（3）是发展与提升青少年核心能力的活动。

图3-3 活动实施的模式

在活动实施过程中，社区工作者可以根据所在社区的特点和资源、自身及团队的工作经验和使命，有选择地、创造性地开展活动。同时，社区工作者也会体验到角色的转化——从事无巨细的策划者、行动者、照顾者转化为活动倡导者、组织者、促进者和资源提供者。

互动式讲座+体验性活动

步骤	内容	方法与形式	所需物资及资料包
1★	布置场地及签到	分工合作、动员相关人员参加	横幅、桌椅、麦克风、名签、笔等 附件15：活动签到表（青少年及家长）（详见第278页） 附件16：活动签到表（家长志愿者）（详见第279页） 附件17：活动签到表（社区志愿者）（详见第280页）

操作细节和关键：

布置场地时，社区工作者可以动员签到后的青少年和家长参与一些准备性的活动，如摆置桌椅、发放饮用水等。这既是与青少年和家长建立关系的过程，更是发挥他们能动性的过程，目的在于让他们在行动中体验到参与和利他。

主要提升的社区工作者的能力：组织能力、动员能力和沟通能力。

步骤	内容	方法与形式	所需物资及资料包
2★	专家或社区工作者讲座	互动式讲解	电脑、讲座课件、音响、投影仪等

　　关于专家：专家可以是具有专业知识和技能的外请人员，也可以是社区居民中某个领域的行家里手或志愿者（包括有经验的社区青少年志愿者或者志愿者团队）。此外，在资源有限的情况下，社区工作者也可以运用平时的积累，发挥自己的专长，利用资源包的相关资料，当一回临时专家。

操作细节和关键：

（1）邀请专家时，要先了解其简历、讲座主题及内容、所需要的设备支持等。

（2）与专家沟通，请其在讲座中加入提问和讨论环节，并明确这样做的必要性和重要性，如这是青少年沟通、互动的体验机会。互动的作用在于增强双方的交流。它有利于专家及时了解青少年对知识及技能的理解和吸收情况，同时也促使青少年更加积极主动地参与、思考和交流，并启发、促进其行动或学以致用。

（3）讲座前的一或两天，再次与专家联系沟通，以确保讲座如期进行。

（4）讲座开始时，对专家作简单介绍和欢迎，并做好组织、设备等方面的协助工作。

主要提升的社区工作者的能力：沟通能力、组织能力。

步骤	内容	方法与形式	所需物资及资料包
3*	互动环节	提问、讨论	大白纸

操作细节和关键：
协助讲座专家开展提问、讨论环节，促进青少年互动、表达及学以致用。
主要提升的社区工作者的能力：组织及协调能力。

步骤	内容	方法与形式	所需物资及资料包
4	体验性活动	模拟情境体验或实地体验	模拟情境或安全的实际情境

操作细节和关键：
（1）设计与主题活动相呼应的两种模拟情境，一是社区工作者和青少年一起设计道具及模拟情境，如交通安全主题活动中设计斑马线、红绿灯等，社区环保主题活动中设计分类垃圾箱等；二是在保障安全的前提下，联系可能的社会资源，如校外实践基地等，进行仿真情境体验。
（2）尽量邀请更多的家长和志愿者参与安全维护，组织青少年到实践基地或青少年活动中心进行体验。
主要提升的社区工作者的能力：组织及协调能力、资源链接能力、创新能力。

步骤	内容	方法与形式	所需物资及资料包
5*	形成活动成果及收获	小组讨论及行动	大白纸、笔、电脑、投影仪等 附件18：引领性提问一（详见第281页）

操作细节和关键：
（1）在互动式讲座和体验性活动之后，给予一定的时间，让青少年现场形成活动成果及收获。
（2）向青少年说明，活动成果及收获的形式可以是多样的，如文字、图片、团队海报、绘画或情景剧等。社区工作者尽量向青少年提供展现其收获或成果所需的物资，如大白纸、笔、电脑及投影仪等。
（3）社区工作者说明"这是小组经历共同行动收获的过程，每个小组和个人的体验会不同，每个组尽量做丰富的整理，完成之后，大家进行现场的分享与交流"。
（4）社会工作者在各组共同分享时，可以参考运用"引领性提问一"进行带领，以促进各组积极互动。
（5）在各组充分互动、分享之余，社区工作者在现场也可以向各组表达一些欣赏、想法和建议。
主要提升的社区工作者的能力：组织能力、带领能力。

青少年小组活动＋社区行动

步骤	内容	方法与形式	所需物资及资料包
1*	活动简介	短时演讲	短时演讲内容的文字稿或课件，宽敞及有活动桌椅的场地
操作细节和关键：主要介绍活动的主题、内容、形式、参加的人员、时长和注意事项等。 主要提升的社区工作者的能力：表达能力、沟通能力。			
2*	形成青少年小组，制定规范，形成小组活动计划	分组，游戏＋活动形式的小组建立，小组讨论	大白纸或小彩旗、白板、彩笔、马克笔、磁贴或胶带 附件19：小组活动游戏参考（详见第282页～285页） 附件20：小组建立（详见第286页） 附件21：小组活动规范（详见第287页） 附件22：小组活动计划（详见第288页～289页）

步骤2的重要性：

（1）通过游戏＋活动形式建立分小组，一是符合青少年的年龄及心理特征；二是让青少年在活动中相互熟悉，互动交流，体验合作，形成团队。

（2）小组规范的形成是小组成员体验共同协商、形成团体共同承诺的过程。经历这样的过程，一是能够培养青少年的责任感、共情能力、沟通能力、领导能力、组织能力和协调能力；二是能够充分体现青少年的主体性与合作性。

（3）形成小组活动计划是青少年共同合作、选择活动主题、明确分工、设计活动计划的过程。经历这样的过程，一是能够继续培养青少年的共情能力、学习兴趣、自信心和创造力；二是能够进一步提升青少年的责任感、沟通能力、领导能力、组织能力和协调能力。这是展现青少年自主性与合作性的重要环节。

续表

步骤	内容	方法与形式	所需物资及资料包

操作细节和关键：

（1）按游戏的方式划分小组，同时注意各小组中不同性别和年龄的青少年的搭配。

（2）需要简单讲解"为什么要建立小组规范——小组活动规范是小组成员经过集体沟通、讨论以后，形成的大家共同认可、共同遵守的行为规则和行动方式；它是小组成员共同的约定，帮助小组成员有序、顺利地实施计划、开展活动"，然后再促进小组成员讨论形成自己的小组规范。

（3）各小组的活动计划需要各小组成员共同讨论形成，社区工作者可以协助青少年将其想法变成可实现的行动计划，注意"不要包办代替，也不要约束限制"。

（4）每个小组分别配备一位家长志愿者和一位社区志愿者，以跟进并促进小组的互动；另在小组需要帮助的时候，提供一定的协助。

主要培养的社区工作者的能力：带领能力。

主要提升的社区工作者的能力：观察能力、协调能力和沟通能力。

步骤	内容	方法与形式	所需物资及资料包
3★	青少年报告并修改小组计划	小组报告，小组相互建议，社区工作者和家长建议	各小组的小组活动计划、大白纸、笔 附件23：引领性提问二（详见第290页） 附件24："且行且收获"小贴士（详见第291页～292页）

操作细节和关键：

（1）青少年报告小组计划。

　①请各小组向大家分别报告自己的小组计划，这样能够促使各小组改进计划，使之更加清晰、有条理。

　②各小组报告后，社区工作者可以参考使用"引领性提问二"，以促进青少年积极思考与交流，彼此学习与欣赏，进一步提升青少年的学习兴趣、沟通能力、责任感、自信心和创造力。

（2）青少年修改小组计划。在青少年彼此给予建议的同时，社区工作者可以尝试以下三种做法。

　①点赞（对活动设计中出彩的地方，明确表扬和赞赏）。

　②提问（对活动设计中不明确、不清晰的地方，具体发问以帮助小组更加清楚自己的活动设计）。

　③建议。对活动提出具体的建议，可参考的建议方式："可否考虑这样做……""如果这样做的话，是不是会更好一些""有没有想过这么做……""我们的建议是"。（注意聚焦在如何做上，而不是说目前的做法不好）

步骤	内容	方法与形式	所需物资及资料包
（3）留存青少年各小组修订后的活动计划，并请各小组的家长志愿者和社区志愿者熟悉所在小组的活动计划。 （4）向青少年各小组或每个成员发放"且行且收获"小贴士，并特别说明以下三点。 　①在活动实施中，注意安全以及与同伴的沟通、协作，避免单打独干，避免相互指责和埋怨。 　②遇到问题时，及时与社区工作者、家长志愿者及其他志愿者联络，请社区工作者务必在小贴士上，明确写出相应的联系方式，如电话、微信或电邮等。 　③着重对"形成活动成果及收获"进行说明：第一，形成活动成果及收获的时间是在活动实施后的1~2周，青少年各小组自行安排时间讨论完成，并鼓励青少年积极使用"青少年志愿服务公益实践指导手册"。第二，活动成果及收获的形式可以是多样的，如文字、照片、团队海报、绘画或情景剧等。第三，说明"这是小组经历共同行动收获的过程，每个小组和个人的体验会不同，每个组尽量做丰富的整理，完成之后，选定合适的时间进行大组分享与交流"。 （5）与青少年确定下次大组分享的具体时间及场地。 主要培养的社区工作者的能力：专业带领能力。 主要提升的社区工作者的能力：组织能力、协调能力和沟通能力。			
4★	青少年实施小组计划	分工合作，实施计划，社区工作者适时跟进	所留存的青少年各小组修订后的活动计划、小组长的联系方式

操作细节和关键：
（1）充分认识"青少年实施小组计划"的意义：这不仅是分小组具体行动、达成目标的过程，更是青少年共情能力、责任感、自信心、沟通能力、领导能力、组织能力、协调能力和创造力等核心能力全面培养和提升的过程。
（2）在青少年修改和实施计划时，社区工作者扮演以下角色：支持者——提供一些物资、活动场所和心理支持；分享者——分享一些自己的、与目前活动紧密联系的活动经验，供青少年学习、参考；促进者——促进青少年分小组完成其制订的活动计划，同时积极调动家长或志愿者资源。
（3）了解并熟悉青少年各小组修订后的活动计划，根据其活动计划，给予其现实、充足的时间实施。
（4）留存各小组长的联系方式，便于适时跟进各小组的活动进度。
主要提升的社区工作者的能力：协调能力、专业带领能力。

续表

步骤	内容	方法与形式	所需物资及资料包
5★	青少年各小组形成活动成果及收获	个人整理、小组自组织讨论、社区工作者适时跟进	小组长的联系方式、青少年志愿服务公益实践指导手册、提供给各小组的资源

操作细节和关键：

（1）社区工作者、家长志愿者和社区志愿者需要分头、适时跟进各小组的自组织讨论进程，确保各小组在其预定的共同分享时间前完成。

（2）及时并尽量提供给各小组所需要的资源。

（3）提示青少年积极使用"青少年志愿服务公益实践活动指导手册"中的"信息和工具包3"。

主要提升的社区工作者的能力：促进能力、沟通能力。

青少年小组活动成果联展

步骤	内容	方法与形式	所需物资及资料包
1★	召集各小组组长，商讨联展计划	会议、讨论	大白纸、笔、电脑、讨论所需的场所 附件25：引领性提问三（详见第293页） 附件26：小组联展计划模板 （详见第294页～295页）

操作关键和细节：

（1）联展活动素材主要来源于基本活动中各青少年小组的活动成果及收获，社区工作者需要提示青少年充分运用这些成果，在社区范围内做有意义、丰富的展示。

（2）社区工作者以青少年为主体，为其创设讨论的环境空间和一定的物资支持。

（3）在各位小组长讨论时，可以参考运用"引领性提问三"，拓展青少年的想法。

（4）促进青少年形成明确的联展活动计划及具体内容。

（5）给予联展计划一些操作化的建议。

（6）和青少年一起确定联展计划、所需的活动场地及物资等。

主要提升的社区工作者的能力：组织能力、沟通能力和专业带领能力。

续表

步骤	内容	方法与形式	所需物资及资料包
2*	活动准备	会议、行动	电脑、笔记本、笔、大白纸 附件6：社区工作者活动分工表（参考） （详见第265页） 附件10：活动物资预算表（参考） （详见第269页）

操作细节和关键：

根据讨论好的联展活动计划，按人员分工情况，提前并较充分地准备活动场地及各类物资等。

主要提升的社区工作者的能力：组织能力、促进能力和执行能力等。

步骤	内容	方法与形式	所需物资及资料包
3*	实施联展活动	社区内活动	

操作细节和关键：

（1）社区工作者、各小组、家长志愿者和社区志愿者等人员的分工与合作到位。

（2）灵活应对可能出现的临时情况，如参与者超出预期、活动场地受到人数或
　　　周边环境的影响等。

主要提升的社区工作者的能力：组织能力、协调能力和应急能力。

青少年小组联合活动

步骤	内容	方法与形式	所需物资及资料包
1*	召集各小组组长，设计社区大型活动	会议、讨论	大白纸、笔、电脑、讨论的场地、以往大型活动的资料 附件27：社区大型活动计划模板 （详见第296页～297页） 附件28：引领性提问四（详见第298页）

> 步骤1的意义：一方面体现以"青少年为主体"的宗旨，培养并发展青少年的核心能力；另一方面彰显出社区工作者组织与服务的功能。

操作细节和关键：

（1）社区工作者尽可能召集参加过活动的青少年领袖，以青少年为主体，为其
　　　创设讨论的环境空间和想法空间

续表

步骤	内容	方法与形式	所需物资及资料包
（2）在各小组长讨论时，社区工作者可以给出一些社区大型活动的参考主题，如社区义卖、社区义捐、社区家庭互动、社区文化共享、社区文明建设等，并参考运用"引领性提问四"，促进青少年拓展思路。 （3）促进青少年形成明确、具体的社区大型活动计划。 （4）社区工作者给予一些操作化的建议。 （5）和青少年一起确定社区大型活动所需的活动场地及物资。 （6）尽可能调动更多的家长志愿者及社区志愿者参与。 主要提升的社区工作者的能力：组织能力、沟通能力和专业带领能力。			
2★	提供社区大型活动平台	走访、电话联系	电话、笔记本等
操作细节和关键： 尽可能链接到社区的各类资源，同时也可以动员社区青少年群体寻找身边的资源，为社区大型活动做好物资等方面的准备。 主要提升的社区工作者的能力：链接资源的能力、组织能力。			
3★	组织社区大型活动	分工、合作、行动	场地、设备、拟定好的社区大型活动计划等
操作细节和关键： 大型的社区活动需要明确的分工和相互的合作，需要灵活、有序地践行活动计划，并及时应对现场的突发情况。 主要提升的社区工作者的能力：组织能力、执行能力。			
4★	总结与激励	活动现场总结，表彰与激励，活动后在社区宣传区域展示	场地，设备，之前小组活动及活动设计的视频花絮或照片，表彰证书或奖品等，社区宣传区域
操作细节和关键： （1）社区工作者对活动过程及收获做总结。 （2）以"点名"方式表彰活动策划和实施中的青少年、家长志愿者、社区志愿者及资源提供者，并颁发证书和奖品。 （3）请青少年、家长志愿者、社区志愿者及资源提供者代表，分享活动中的感悟和收获。 主要提升的社区工作者的能力：组织能力、统筹能力。			

三、活动评估

活动评估是活动流程的结束部分，是对活动过程及成效的检视与反思，主要包括三个方面（见图3-4）。在以往的青少年社区活动中，这一部分往往不受重视或被忽略。但从活动的价值和完整性来看，这部分不可或缺。其功能在于：一是帮助社区工作者和参与者了解活动的效果和价值，特别能够促进青少年在相互分享中明晰、沉淀活动后的收获，能够有机会学以致用，实现增能。二是为以后的活动提供现实性参考。三是可以作为街道等部门了解社区青少年工作及其成效的重要和有利依据。活动评估的方法主要包括问卷和访谈两种方式。

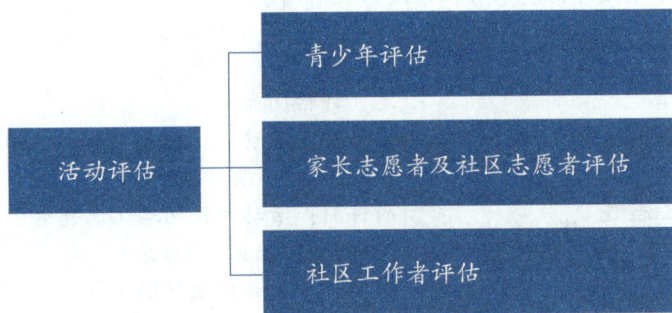

图3-4　活动评估的三个方面

活动评估

步骤	内容	方法与形式	所需物资及资料包
1★	青少年小组活动成员评估与反思	各小组分享交流，问卷评估	笔、评估问卷 附件29：活动评估问卷（青少年使用） （详见第299页~300页）

操作细节和关键：

（1）各小组间的分享交流是一种开放式的成效评估，社区工作者可以通过录像、拍照等方式，及时记录青少年分享的成果和收获，同时留存青少年各小组所准备的分享成果，以此作为活动成效的依据。

（2）通过"评估问卷"进行评估。

①社区工作者发放评估问卷，简单说明问卷评估的目的，请青少年完成。

②问卷填写过程中，及时向有疑问的青少年解释、说明。

③若有低年级儿童参加，可以让其用拼音或绘画形式完成，也可以请家长志愿者、社区志愿者或者社区工作者协助完成。

④青少年完成评估问卷后，请及时收回问卷。

主要提升的社区工作者的能力：组织能力、专业带领能力和评估能力。

步骤	内容	方法与形式	所需物资及资料包
2★	家长志愿者及社区志愿者评估	评估问卷、访谈	笔、评估问卷 附件30：活动评估问卷（家长使用） （详见第301页~302页） 附件31：活动评估问卷（志愿者使用） （详见第303页~304页） 附件32：家长访谈提纲（详见第305页） 附件33：志愿者访谈提纲（详见第306页）

操作细节和关键：

（1）请参与的家长和志愿者（包括家长志愿者和社区志愿者）在其方便的时候完成评估问卷，并及时回收。

（2）若有可能，联系并以小组或个人访谈等形式，访问一些积极参与活动的家长和志愿者，并在征得其同意之后，做好录音或文字形式的记录。

步骤	内容	方法与形式	所需物资及资料包
3★	社区工作者评估	完成活动评估问卷，整理并归纳各类活动资料，总结与分享	笔、笔记本、电脑、回收的各类评估问卷、访谈资料 附件34：活动评估问卷（社区工作者使用）（详见第307页～308页）

　　社区工作者形成对活动的评估和总结，是其工作规范性和专业性的体现。

　　这样做的好处：一是利于在总结中积累经验，获得成就感。二是为进一步促进家庭—社区联动提供现实基础。三是便于向上级单位和资助方提供有力和充实的证据，以此在未来获得更多的支持和资源。四是为拓展更多的资源链接提供现实依据。

操作关键和细节：
（1）关于"整理归纳各类活动资料"。
　　①需要整理归纳的资料：尽量分类整理问卷、照片、视频等资料，并标明日期与活动名称。
　　②可参考的归纳的方面：一是活动整体的效果。二是活动的内容和形式。三是活动的实施过程。四是从青少年自身、家长、志愿者和社区工作者的角度，归纳青少年在活动中的收获和能力增长。五是家长、志愿者和社区工作者的收获。六是青少年、家长、志愿者和社区工作者对所收获的在未来的应用。七是社区工作者、志愿者在活动中的作用。八是活动过程中，链接资源的情况。九是对本次活动的具体建议。十是对活动的总结。
（2）关于"总结与分享"。
　　①选择合适的时间，社区工作者以座谈等方式，分享活动评估结果并做进一步反思。
　　②特别并详细记录下活动成功的关键和需要改进的细节内容，以作为今后活动的重点参考。
　　③若有可能，邀请青少年、家长和志愿者代表参与活动总结和分享，集体讨论交流的同时，做好重点记录。
主要提升的社区工作者的能力：反思能力、分析能力和综合评估能力。

第四章

青少年社区公益实践活动指导

在公益教育及实践活动中，青少年是中心。通过公益教育及实践活动，将家庭教育、学校教育和社区教育有机地联系在一起，使它们共同担负起培养青少年的使命和重任。其中，社区在公益教育中发挥着依托作用。

社区是社会发展的基本单位，是特定地域空间的人群的社会共同体。人的一生生活在社区，青少年的成长和发展更离不开社区，并在很大程度上受制于社区环境。在人的社会化过程中，社区起着极其重要的作用，尤其是青少年，他们有三分之一的时间是在社区中度过的，在学习之余，他们渴望参加社区公益实践活动，增进他们的身心健康，增长知识，培养他们的社会意识和社会责任感，培养他们独立处理问题的能力。因此，社区对青少年的成长发展有着极其重要的作用。发挥社区对学校教育的有力支持，把家庭、学校、社区三者有机结合起来，共同担负起培养青少年的责任和义务，正是公益教育及实践的理想机制或模式。

第一节　青少年社区公益实践活动的准备阶段

公益实践活动是引导青少年以主题活动形式，探求物质世界、关注社会生活、感受自我成长的一种教育活动。公益实践活动的开展与实施以青少年为核心，力求实现学校、家庭与社区的均衡与整合，最终指向青少年个性的健全发展、核心素养的培育和提升，同时其活动方式多种多样，涉及主题探究活动、社会体验学习等多种活动形式。在公益实践活动实施中，需要根据

青少年的学习需要、发展特征，以及社区的环境特点，密切联系青少年的生活实际，联系社会实际而开展活动。这对于锻炼和培养青少年的社会责任意识，培养青少年的社会主人翁责任感有着积极的意义与价值。

公益实践活动实施前的充分准备是活动取得成功的一个关键因素。在准备阶段，活动的制定要根据社区和在校青少年的需要。公益实践活动要确实能够满足社区的需要，使社区受益，解决社区问题；同时，公益实践活动要和课程的内容有很强的相关性。具体来讲，准备阶段包括确定公益实践活动的服务项目、合作对象、场所，并进行实地考察等。公益实践活动的服务项目既要考虑社区需要，又要考虑青少年兴趣；既要考虑周边社区资源的可用性评估，又要调查社区存在的需要解决的问题等。合作各方要共同协商，确保公益实践活动服务目标对各方具有共同利益，同时还需要明确公益实践活动每一个伙伴组织的角色和责任，尤其是社区作为公益实践活动的承载者和依托者，在公益实践活动中发挥着不可替代的依托作用。因此，为了保证公益实践活动的顺利开展，社区有必要做好以下准备工作。

一、调研与征集活动主题

（一）社区调研

社区调研涉及的主要内容有三个方面：一是社区资源的调查研究工作，包括社区内的单位、学校、家庭以及中小学生等；二是居民需求的调查，因为公益实践活动是以社区居民需求为基础的；三是社区沟通的渠道及建立，以便社区能够及时了解相关单位或组织的信息，同时也可以将社区的工作计划或安排传达给相关单位、组织或个人。

1. 调查了解社区资源状况

对社区资源的调查与了解程度，关系着以社区为依托的公益实践活动能否顺利进行。公益实践活动虽然是以学校为主导，以家庭为基础，但其开展主要依托于社区的资源状况，并服务于社区需求。社区资源是公益实践活动的保障基础。因此，社区对公益实践活动的配合支持主要取决于社区的资源支持和环境支持。调查了解社区资源，是在一定社区环境下服务于社区需求的公益实践活动的前提条件。

（1）调查了解社区组织资源状况

对社区的调查了解，首先是对社区组织状况的调查了解。对社区组织的调查了解，涉及开展公益实践活动所可能涉及的各种资源。其中，最主要的资源是社区附近的企事业单位、志愿者组织、社区开展公益实践活动的场地与条件等。针对公益实践活动，对社区组织至少应做好如下方面的调查了解。

① 社区学校调查

公益实践活动是以学校为主导的，辐射家庭和社区的一种教育形式；其目的是建立起全社会对教育的重视，建成三位一体的教育体系。对青少年的教育不仅仅是学校的事情，更是家庭和社区的事情。学校提供的主要是智力教育，家庭提供的是日常生活教育，社区提供的主要是社会公民教育。完整的教育应该是三者的有机统一结合，但是现实的情况并非如此，学校、家长甚至社会普遍重视学校教育的功能，甚至把学校教育看作万能的，认为孩子一旦进入好的学校就万事大吉了。殊不知教育不仅仅是学校的事情，学校教育仅仅是其中的主导部分，除此之外，还需要家庭的基础教育和社区的依托教育。只有三者有机结合才能培养出合格的人才，只有通过这种途径培养出来的人才才具有竞争力，才是未来社会需要的人才。因此，要想培养合格人才，社区的作用不可低估，社区与学校的协调配合更是关键。所以，对社区资源进行调查了解，首先要做好对周边学校的调查，以更好配合社区开展公益实践活动。

第一，社区学校的性质与类型。

学校是社区的一员，在国外，学校一直处于开放状态，不仅对青少年，而且对所有的社区居民开放。学校是社区中重要的资源，也是开展公

益实践活动的主导。但不同的学校所拥有的资源质量和数量存在着显著差异。社区在对学校资源进行调查了解时，要注意区分学校的性质和类型，结合不同的学校性质和类型，开展与学校有效对接、有助于培养青少年、服务社区需求的公益实践活动。

在我国，学校类型可划分为：公立学校、民办或私立学校和打工子弟学校三种类型。

第二，社区学校内资源。

学校作为社区的一部分，学校资源是社区资源的一个组成部分，学校内的资源也是社区在开展公益实践活动时应该考虑和使用的资源。因此，对社区学校内的资源进行调查了解，对于公益实践活动的有效开展发挥着重要作用。

社区学校内资源包括：教师、学生、教室与场地、学校设备等。

第三，社区学校的优势与劣势。

为了更好地发挥学校在公益实践活动中的重要作用，社区在对学校资源进行调查时，还需要了解学校的优势和劣势，以便在公益实践活动中更好地利用学校优势，促进公益实践活动的开展。

②社区内企事业单位（不含学校）调查

社区内的组织是社区资源的重要组成部分，社区工作者要最大限度地调动它们的积极性，使他们参与社区建设，参与公益实践活动，由局外人变成局内人，创新社区建设载体，探寻公益教育的组织资源支撑，为公益实践活动的有效开展尽可能提供物力、财力支撑和相关技术指导。

第一，企事业单位性质。

社区在对企事业单位进行调查了解的过程中，首先要关注这些单位的性质，有些单位是公益性质的，有些单位是营利性质的，还有些单位是关注青少年发展的，等等。社区可以根据不同单位的性质和类别，对不同单位分类列表，在适合适宜时链接到积极参与公益实践活动的单位和个人。

第二，企事业单位资源。

为了更好地在社区开展公益实践活动，更好地发挥社区在公益实践活动中的依托作用，社区还要对社区内企事业单位的资源进行调查了解。这主要是了解公益实践活动可能涉及的资源，哪些是可以免费使用的，哪些是有偿使用的，以便为服务社区需求的公益实践活动提供资源的有效指导和帮助。

③ 社区志愿者组织调查

社区志愿者是服务于社区某一群体或解决社区某类问题的公益性组织，是社区公益实践活动的潜在支持者。其中，社区内的一些志愿者组织本身就是服务于青少年教育的。这样，当青少年在社区开展公益实践活动时，社区可以邀请志愿者组织参加，以协助、帮助或指导青少年有效地在社区里开展公益实践活动。

第一，社区志愿者组织的类型。

为了有针对性地寻找公益实践活动的有效参与者和指导者，社区在对社区志愿者组织进行调查时，有必要了解社区志愿者组织的类型。有的志愿者组织仅仅是服务于某一个群体的，如服务于幼儿、服务于老人等，有的服务于青少年发展。当青少年在社区开展公益实践活动时，社区很有必要把这样的志愿者组织作为公益实践活动的重要志愿者资源，以协助指导青少年有效开展公益实践活动。

第二，社区志愿者组织的服务项目。

社区志愿者组织的服务项目也是社区在调查了解志愿者资源时需要考虑的。服务项目是志愿者组织的使命或责任，服务项目不同，意味着志愿者的服务对象不同。社区调查了解志愿者资源主要是为开展公益实践活动做准备，因此社区有必要了解掌握志愿者组织的服务项目，密切关注涉及青少年发展、青少年教育的志愿者组织，关注他们的服务项目、服务内容、服务目标和服务效果，以便更好地识别服务需求，有针对性地开展服务社区需求的公益实践活动。

第三，社区志愿者组织的分布。

社区志愿者组织的分布状况，也是社区在调查了解公益教育资源时需要考虑的。志愿者组织的分布，在一定程度上会影响公益实践活动的开展。社区中志愿者分布比较集中，说明这个社区发育比较成熟，有比较好的公益教育环境，适合并有利于开展公益实践活动，对公益教育起一定推动作用，反之，不利于公益实践活动的开展。

（2）调查了解社区环境资源状况

环境是社区的载体和依托，任何社区总是处于一定的环境之中。社区环境直接或间接地影响着公益实践活动的开展，对青少年身心发展有着重要的影响。

① 社区环境状况

社区环境相对于作为社区主体的社区居民而言，是社区主体赖以生存及社区活动得以产生的自然条件、社会条件、人文条件和经济条件的总和。它可以理解为社区主体赖以生存及社会活动得以产生的各种条件的空间场所的总和，属于物质空间的范畴。社区在对社区环境进行调查时，应该关注社区周边的环境。社区环境是公益实践活动的场所和载体，不同的社区环境对公益实践活动的影响和效果是不同的。因此，社区在发挥公益教育依托作用时，不能脱离社区环境的现实，要依托社区环境有效开展公益实践活动。

② 社区环境资源

环境资源是指影响人类生存和发展的各种天然的和经过人工改造的自然因素的总体。社区环境资源是社区居民赖以生存和发展的基础，具有整体性、多用途性的特点，还具有价值性、非排他性的特点。社区在开展公益实践活动时，可以充分利用社区环境资源为公益实践活动创设理想的环境资源。同时，社区为了更好地促进公益实践活动的开展，可以对现有的环境资源进行建设与改造，使得环境资源适宜于公益实践活动的实施与开展。

针对公益实践活动中社区资源的状况，社区内各个单位要呈现开放的态势，可以将自己的资源奉献出来，共同为公益实践活动创造有利条件和有利形势。

2. 调查了解社区居民需求

由于公益实践活动主要是针对社区居民的需求状况而开展的提高青少年能力的实践活动，社区居民的需求是公益实践活动开展的前提和基础，因此如果没有社区居民的需求，也就没有相应的公益实践活动。作为公益实践活动依托的社区，要想更为有效地开展活动，就必须调研社区居民的需求状况，细分社区居民的需求，只有这样，才能有效地在社区开展服务于社区需求，结合青少年课程学习，增强青少年社会责任感，培养青少年主人翁精神的公益实践活动。

（1）调查了解社区居民的需求状况

公益实践活动是将学生的学习目标和社区服务需求有效结合的双赢教育模式。社区居民的需求是公益实践活动的基础和前提，也是青少年学生走进社会、了解社会、认识社会的有效途径。因此，社区在开展公益实践活动时，需要有效识别社区居民的需求状况，针对社区居民的需求有效开展公益实践活动。

① 了解社区居民的需求类型

社区居民的需求类型不同，要求开展的公益实践活动也就不同。需求类型是社区开展公益实践活动首要调查和识别的问题，也是公益实践活动的社区服务目标所在。

② 了解社区居民的需求数量

社区居民的需求数量决定着公益实践活动的次数和服务数量，是公益实践活动规模所需要考虑的重要问题，涉及公益实践活动规模的大小。

③ 了解社区居民的需求特征

居民需求特征是公益实践活动设计的基础和前提，因为公益实践活动是将社区居民需求和青少年学习锻炼目标有效结合的一种最佳途径。对于

居民的需求特征，可以根据不同居民的类型进行区分、总结。

④ 了解社区居民的需求弹性

了解社区居民的需求弹性，有助于把握公益实践活动的恰当有效开展，尽可能实现公益实践活动与社区居民服务需求的恰当结合。

（2）细分社区居民的需求状况

细分居民的需求状况，是为了提高公益实践活动中所服务的社区居民的满意度。不同的公益实践活动满足于不同的社区居民需求，这样可以针对社区居民的需求有效开展具体的公益实践活动。例如，社区居民的需求可以细分为环保、理财、教育等几个方面。

（3）调查了解社区居民的服务要求

社区居民的服务要求，可以说是公益实践活动中服务社区居民需求时需要注意的事项，同时也是尊重他人的体现，有助于青少年学会尊重他人。

3. 调查了解社区在校青少年状况

青少年是公益实践活动的核心，社区在校青少年是服务社区需求的一支不可忽视的力量。要想有效开展服务社区、建设社区的公益实践活动，社区非常有必要调查了解社区内在校青少年的数量以及各类青少年的状况等。

（1）调查了解社区在校青少年分布及类型

为了方便开展公益实践活动，社区可以根据社区内在校青少年居住位置的远近进行分组。同时，社区也可以根据社区居民需要解决的问题，结合青少年的具体情况进行分组，以便有效地开展公益实践活动。

社区调查了解在校青少年类型，可以针对不同年级的青少年开展不同层次的公益实践活动，如有针对小学低年级的活动，有针对小学中年级的活动，还有针对小学高年级的活动等。

无论是对在校青少年进行分布了解还是类型了解，都是为了有效地开展公益实践活动。既不能把公益实践活动的目标定得过高，挫伤青少年的积极性；又不能定得过低，降低青少年参与的积极性。

（2）调查了解社区青少年所在学校

社区在了解在校青少年分布和类型的同时，还要调查了解社区青少年所在的学校，并与学校保持积极的联系与沟通，及时了解青少年的在校表现，结合社区开展的公益实践活动，有针对性地设计策划活动，实现对青少年有效教育的目的。

4. 建立有效的沟通联络途径

社区除了做好以上调查了解之外，还需要与家庭、学校以及社区资源建立有效的沟通渠道，保持社区联络的畅通，及时掌握各种公益实践活动的信息和资源。

（1）社区沟通联络渠道与方法

社区沟通联络的渠道与方法既可以是传统沟通渠道与方法，也可以是借助信息技术建立的现代沟通渠道与方法。具体包括以下渠道和方法：一是传统的沟通渠道与方法，主要有社区宣传通知、电话等；二是现代沟通渠道与方法，包括微信、QQ、skype、E-mail等。

除了以上沟通联络渠道与方法外，社区也可以构建多重沟通网络与渠道，加强社区与学校、家庭等的沟通联络，及时掌握了解各种信息资源，有效指导并开展公益实践活动。

（2）社区与学校的沟通联络

我国传统学校的观念是，社区与学校是脱离的，学校是一个封闭的、有"围墙"的场所，学校只对自己的上级部门负责，而不对社区负责，不考虑社区和社区发展的要求。这种传统的观念直接阻碍了公益实践活动的有效开展，背离了社区环境的现实，制约了其社会依托作用的发挥。

学校作为社区的一部分，其活动应该是社区里的活动，在校青少年及其家庭都生活在社区之中。社区的影响形形色色，无论是正面的还是负面的都时时刻刻在影响着青少年，不可能回避。现实中的社区既是青少年生活的场所，也是教育和发展青少年的场所，社区必须和学校紧密结合，才能有效地发挥公益教育的整体作用。以学校为主导的公益实践活动是在整

个社区环境中进行的，它呼唤打破学校的封闭状态，进行全程、全方位教育，保持社区与学校的高度沟通状态，将教育空间从学校延伸到家庭、社区，改善家庭和社区教育环境，建立家庭、学校、社区三位一体的育人模式。这正是公益教育的主旨所在。只有通过社区与社区内学校的双向互动互促，才能形成家庭、学校、社会的教育合力。从这个意义上讲，社区应与学校建立畅通的互动关联。

（3）社区与家庭的沟通联络

社区与家庭的沟通，一方面是为了及时了解家庭的状况，另一方面主要是为了了解青少年在家庭中的表现，及时发现家庭教育中存在的问题。为此，可以在开展公益实践活动时有针对性地对孩子进行教育；也可以通过社区教育指出家庭教育的不妥之处，及时纠正，让家庭承担起培养孩子的任务，从而将社区教育与家庭教育有效地结合起来。

（4）社区与在校青少年的沟通联络

社区与在校青少年的沟通联络，一方面是从青少年那里及时了解学校设计策划的公益实践活动的主题内容以及青少年准备的状况；另一方面通过与在校青少年的沟通，可以了解社区在开展公益实践活动中应该做好哪些准备工作。同时，在校青少年也可以通过与社区的沟通，了解社区的需求，针对社区的需求设计公益实践活动，从而实现公益教育的多重目标。

（5）社区内部的沟通联络

社区内部的沟通联络，一方面涉及社区居委会与社区居民之间的信息畅通，鼓励社区居民支持并积极参与公益实践活动，同时可以使社区居委会了解社区居民需求状况，更好地服务于社区居民；另一方面，这种沟通也包括社区居委会与社区内所辖单位或个人的沟通联络，及时传达公益教育信息，调动协调公益教育资源，有效支持公益实践活动的开展。

（6）社区外部的沟通联络

社区与社区之外建立一种沟通联络关系，一方面可以对公益实践活动进行宣传；另一方面在宣传的同时，可以吸引更多的组织、个人支持或参与公益实践活动，以有效推动公益实践活动。

（二）征集活动主题

社区工作者在征集活动主题时，要考虑到征集活动主题的人群、方式和注意事项。

1. 征集活动主题的人群

对于活动主题的征集，主要面向的人群是社区的在校青少年，其次是青少年的家长及其祖辈。同时，也要考虑社区服务的需求人群，如空巢老人、经济困难的居民或家庭等。

2. 征集活动主题的方式

征集活动主题的方式可以是面对面的访问，也可以是通过其他媒介，如电话、微信、QQ群等形式的访问或了解。社区工作者要具备多形式、多途径征集的意识和能力。

3. 征集活动主题的注意事项

（1）访问中重点记录的内容

第一，明确而清晰地向受访的青少年及家庭、社区需要服务的居民等说明访问或意见征集的目的，如为了了解大家对社区青少年公益实践活动的需求和想法，更接地气、更有效地开展提升青少年核心能力、服务社区居民的活动。第二，居民的需求和对活动形式、内容的具体想法。第三，青少年及其家长能够参与活动的具体时间。第四，以亲和、友好的方式访问并记录。第五，在被访问者同意的情况下，可以笔录或录音记录访问的内容。

（2）整理访问的内容

整理并统计多数有意愿参加活动的青少年及家长的想法，发现大家共同关注的活动主题，并结合社区工作中阶段性的工作重点和社区资源，基本确定活动的主题及活动计划的素材，活动名称可以参考使用社区青少年

或居民喜闻乐见的说法。

二、设计活动计划

（一）调查了解学校公益教育活动计划

社区在公益实践活动的准备阶段，首先要调查了解学校的公益教育活动计划。社区可以通过传统的或现代的沟通联络途径及时了解和掌握学校策划设计的公益教育实践主题活动，做好社区的支撑，发挥好依托作用。

1. 调查了解学校公益教育主题活动

任何公益教育及实践活动都是一定主题下的活动。为了拓宽在校青少年的视野，将书本知识有效应用于实践，实现理论和实践的有效结合，学校在设计公益教育主题活动时往往有很大的发挥空间，这主要是根据在校青少年的兴趣和爱好来设计开展具体的公益教育及实践活动。所以，社区了解学校的公益教育主题活动有助于社区依托作用的发挥。

（1）调查了解学校公益教育主题活动内容

公益教育及实践主题活动内容一般涉及面比较广泛，但学校在设计时所考虑的往往是针对某一主题的活动。例如，在"低碳生活快乐营"这样的主题活动下可以涉及很多方面，完全可以发挥学生的想象力，结合生活实际设计出各种不同的公益实践活动。

（2）调查了解学校公益教育主题具体活动

社区在公益教育中发挥的依托作用，总是以一定的活动为载体的。公益教育主题下的具体实践活动往往更有利于社区依托作用的发挥，同时也更有利于与社区具体服务需求的有效结合。这种具体活动也是青少年体验学习的有效途径。

2. 调查了解活动涉及的社区学校和在校青少年状况

如果社区是一个管理体系健全，发育比较成熟的社区，这一部分的准备工作可以说是公益实践活动开展前应该做好的工作。它只是公益实践活动的具体内容，把涉及的学校和在校青少年以及开展公益实践活动的能力和社区需求有效结合起来而已，并不需要做太多的工作。如果前期工作没有到位，这期间还需要对活动涉及的学校和青少年做一个即时的调查了解。

（二）设计具体的社区活动计划

社区工作者在设计具体的社区活动计划时，要从以下三个方面进行。

1. 明确活动主题及内容

社区工作者基于社区访谈信息、以往的工作经验、社区居民的需求和资源等情况，通过小组讨论进一步明确活动主题和具体的活动内容。

2. 形成初步的活动计划

可以参考"附件5：活动计划模板（参考）"，确定1～2人将共同讨论的活动主题和具体的活动内容形成书面的活动计划初稿，待大家共同修改讨论。

3. 完善活动计划

待活动计划初稿形成后，选择合适的时间，进一步修改、充实活动计划，并明确具体活动环节的人员分工及责任。

三、链接社区资源

（一）调查了解社区资源情况

社区资源是公益实践活动的有效支撑，也是社区依托作用发挥的重要途径，因此，在公益实践的准备阶段，社区很有必要做好社区资源的调查与了解。如果社区管理到位，沟通联络渠道畅通，对社区资源的情况应该是比较了解的。这时可以根据公益实践活动主题，调动和协调有关公益实践活动所使用的资源。

1. 社区居委会的支撑作用

社区居委会是公益实践活动最直接最重要的支撑力量，也是公益实践活动服务对象的直接提供者。

（1）社区居委会的服务功能

社区居委会的服务功能大小，直接关系着公益实践活动能否有效开展。公益实践活动的成功开展，离不开社区居委会的协助和支持。

（2）社区居委会的宣传影响作用

社区居委会的宣传影响力，在某种程度上影响着公益实践活动的效果。社区居委会的宣传力度大、宣传到位，影响力就好，一方面可以提高公益实践活动的影响度，另一方面可以吸引更多的社区居民支持并参与公益实践活动。

（3）社区居委会的物质资源提供能力

社区居委会的物质资源提供力，是公益实践活动能否开展的关键所在。公益实践活动总是在一定的社区，使用一定的社区资源，服务于社区需求的活动。如果没有社区资源的有效支撑，公益实践活动就没有立足之地。

2. 社区内可以利用的资源

社区内可以利用的资源主要指社区所辖组织或个人等，主要涉及以下几个方面。

（1）社区内的组织

组织支撑能力是社区内重要的公益实践活动的支撑资源。组织资源不仅可以为公益实践活动提供资源支撑，有时还可以提供技术支撑等。社区内的组织是指社区内的单位及社会服务机构。社区内的单位主要包括企、事业单位，社会服务机构包括社区志愿者组织等。这些组织均可以作为社区中的资源储备。

（2）家庭

家庭是社区的一分子，家庭资源可以说是社区资源重要的组成部分。青少年都是生活在一定家庭中的，家庭应该说是公益实践活动所需资源的首要提供者和保障者。家庭的支持力决定着公益实践活动能否有效开展。

（3）个人

个人，主要是指社区公益人士以及在教育、安全、环保等领域的专业人士或有专长的志愿者。

（二）建立社区资源名录或者数据库

社区在做好以上资源调查的基础上，通过归纳、整理，可以分门别类地建立社区资源名录或数据库，如附件7和附件8，或者一个涵盖个体资源、家庭资源和社区内组织的资源数据库，以便在与各类资源建立联系的基础上，因时因地的加以有效运用。

（三）征询意见，确定具体活动的资源

社区在建立社区资源名录或数据库之后，需要对公益实践活动中使用的资源进行协调与调动，以支持公益实践活动的开展。因此，社区需要做好以下工作。

1. 征询资源所有者的意见

对于公益实践活动中所使用的资源，社区要征求资源所有者（包括单位和个人）的意见。能否使用，什么时间使用等，都要具体确定下来。

2. 确定具体活动的资源

社区通过征求资源拥有者的意见和建议，确定可以使用的公益实践活动具体资源，并及时记录、沟通以确保活动的顺利开展。

3. 汇总活动资源

确定公益实践活动所使用的具体资源后，社区工作者可以将所有资源的信息汇总到一张表格上，以有序支持公益实践活动的顺利进行。

四、宣传与招募

（一）宣传

1. 宣传的目的和意义

社区首先要宣传公益实践活动的目的和意义，让更多的人认识到公益

教育的价值与意义所在。

（1）目的

社区宣传，主要宣传公益实践活动的目的。对于社区来讲，目的主要是服务于社区需求，把青少年作为社区建设的一支力量，通过服务社区，增强他们对社区的归属感和责任感。

（2）意义

公益实践活动的意义与价值也是社区应该宣传的。公益实践活动对于在校青少年来讲，可以帮助他们实现学业目标，实现书本教育与实践教育的有效结合；对于家庭来讲，通过公益实践活动看到青少年的成长与变化，有助于家庭的和谐；对于社区来讲，公益实践活动本身就是服务于社区的活动。因此，公益实践活动是融合学校、家庭、社区于一体的教育形式，同时又是一种多赢的教育模式。

2. 宣传的内容

社区对活动内容的宣传，一方面是为了让社区居民了解、掌握活动内容的作用价值；另一方面是为了通过对活动内容的宣传，吸引更多的居民参与支持公益实践活动。

3. 宣传的途径

社区工作者首先继续使用过去有效的宣传方式；其次了解并使用青少年喜欢的宣传方式，如醒目的大幅海报、微信、QQ等；最后特别将活动时间和地点突出、明确，以便参与者了解、知晓。

4. 鼓励表扬各类社区资源

社区为了更好地宣传开展公益实践活动，还需要采取一定的激励形式，如书面表扬支持力度比较大的社区组织单位和个人等。

（二）招募

1. 招募的人员

招募的人员包括两大类：一类是活动的参与者，重点是青少年及其家庭；另一类是活动中的志愿者，特别关注有活动经验或专长的人员或家长。

2．招募的方式

经过宣传活动，发布招募信息，在获得报名人数后，选择合适的时间进行面试确认。

3．招募后的事宜

根据公益活动的情况，建议待志愿服务人员确定后，选择合适的时间对活动志愿者进行有关活动的培训，包括活动程序、活动中的任务及注意事项等。

五、积极提供指导和帮助

公益实践活动的最终目的是培养锻炼青少年。社区在青少年教育方面负有一定的责任，并具备一定的经验，尤其对于青少年活动而言经验比较丰富。因此，社区可以指导帮助青少年更好地开展公益实践活动。

（一）根据社区资源状况对活动提供指导

任何活动的开展都需要一定的资源，公益实践活动的开展也不例外，尤其是以社区服务需求为依托的公益实践活动，更需要社区资源的支持。因此，社区要指导青少年在策划设计公益实践具体活动时，尽可能考虑社区可利用资源的状况。

1．确定具体活动所需的社区资源

社区可以把前期根据公益实践活动内容所做的资源调查表或数据库，拿出来供青少年参考；青少年在选定社区资源之后，还需要和社区资源的拥有者洽谈社区资源的支持，以有效获取资源的使用权。另外，社区工作者要鼓励青少年走进社区，调查了解社区，进而为服务社区做准备。

2．根据社区资源指导在校青少年策划设计活动

根据社区资源，结合社区需求，并基于青少年在校内学习、掌握的公

益类知识和具备的公益能力，有效指导在校青少年设计策划具体公益实践活动。

3. 资源使用中的注意事项

在开展公益实践活动中，社区还要引导青少年注意资源的使用事项，尽可能保证资源的合理有效利用。

（二）引导在校青少年做好活动准备

1. 引导在校青少年做好活动物资的准备

社区工作者要引导青少年做好活动前物资的准备工作，如活动场地的选择，活动时间的安排，可能用到的具体活动物品。

2. 引导在校青少年做好活动中人员的分工协调工作

公益实践活动是需要多人共同协作完成的。为了提高公益实践活动的效率，需要社区工作者引导参与公益实践活动的青少年及家庭对分工协调有所意识和准备，为有序有效开展公益实践活动打好基础。

3. 引导在校青少年设计活动计划和活动具体实施步骤

在公益实践活动的准备阶段，社区工作者还需要引导青少年设计活动计划和活动的具体实施步骤，为公益实践活动的有效实施做好准备。

4. 引导在校青少年注意活动注意事项

社区工作者要引导在校青少年注意公益实践活动中的注意事项，如活动中礼貌沟通、活动中的安全等。

第二节　青少年社区公益实践活动的实施阶段

公益实践活动是对青少年、家庭、学校、社区、社会等方面都有实际意义与价值的主题活动；是在充分考虑青少年兴趣、爱好，结合青少年学习目标与内容，在解决青少年具体问题、服务社区居民需求基础上，设计策划的旨在发挥青少年自主性，适应青少年生理、心理协调发展，具有新奇性、启发性、趣味性和实践性的教育活动。公益实践活动的实施正是上述多方面目标的具体实践与呈现，是关系公益实践活动成败的一个核心环节和阶段。一方面，这是对公益实践活动计划设计合理与否的检验；另一方面，也是对公益实践活动效果的一次检验，是从理论到实践、由知识技能到具体服务实践的一次检验，更是基于青少年直接经验、密切联系青少年生活与社区服务、体现对知识综合运用的一种检验。可以说，公益实践活动的实施阶段是公益教育的一个关键环节，在公益实践活动中发挥着不可替代的作用，是公益实践活动的决定阶段，决定着公益实践活动的成败。

社区作为公益实践活动的重要参与方，在公益实践活动的实施阶段起着关键作用，其依托作用的发挥在某种程度上可以说关系着公益实践活动的成败。没有社区的依托资源，没有社区资源环境的支持与配合，就没有公益实践活动开展的环境与空间，更谈不上公益实践活动的效果了。因此，社区在公益实践活动的实施阶段起着关键作用，其作用发挥得好坏影响着公益实践活动实施的效果。所以，发挥好社区在公益实践活动实施阶

段的依托作用，对社区在公益实践活动的实施阶段进行必要指导是至关重要的。

一、做好活动的对接工作

社区在公益实践活动的实施阶段，首要的是做好活动的对接工作，尤其是要做好活动与社区服务的有效结合，引导居民积极参与，鼓励青少年有效开展公益实践活动。

（一）引导社区居民重视参与活动

为了提高公益实践活动对社区居民的吸引力，社区在开展公益实践活动时，需要引导社区居民积极参与，体验公益实践活动的魅力。

（二）实现活动与社区居民需求相结合

为了提高公益实践活动的效果和社区居民的满意度，社区在参与公益实践活动时，要注意引导青少年在活动中有意识地将活动内容与居民需求相结合，与社区发展或建设的议题相结合。

（三）鼓励支持青少年在社区开展活动

为了促进公益实践活动的有效开展，社区还需要鼓励支持青少年在社区开展公益实践活动。

二、做好活动开展方面的协调工作

在公益实践活动的实施阶段，社区除了做好对接工作以外，还需要做好各方面的协调统筹工作。

（一）活动资源的使用协调工作

在公益实践活动过程中，必然会使用到一定的社区资源，有的是社区内组织或个人资源，有时还需要社区内多方力量的协调配合。这些工作都需要社区工作者进行协调统筹，有效实施公益实践活动。

（二）活动场地的联系协调工作

公益实践活动场地的联系协调工作需要社区的配合和支持。活动场地是活动的重要载体，是活动顺利进行的保障条件之一。因此，社区在活动实施时需要发挥后勤保障作用，以确保公益实践活动顺利进行。

（三）服务社区居民的协调工作

公益实践活动虽然是以社区居民需求为基础来策划设计的，但由于参与公益实践活动者主要是在校青少年，因此在活动过程中，难免会出现服务不到位的情况。对于青少年难以解决的问题，社区工作者要及时出面，做好协调服务工作。

三、做好活动资源的支持工作

公益实践活动是在一定的社区资源支持下开展的，不仅需要社区的物质资源，还需要人力资源、技术资源等方面的支持。在公益实践活动实施过程中，社区要做好资源的支持工作，确保公益实践活动顺利进行。

（一）物质资源支持

任何活动的实施都离不开一定的物质资源。物质资源是公益实践活动的最基本保障。因此，在公益实践活动实施阶段，社区工作者一定要做好物质资源的保障支持工作。

（二）人力资源支持

人力资源支持是公益实践活动的最核心支持，是公益实践活动有效实施的重要保障和中坚力量。同时，社区在公益实践活动中的人力资源支撑有时是一种榜样的力量，能够带动更多的人员和单位参与并支持公益实践活动。

（三）技术资源支持

公益实践活动的开展有时还需要一些专业的技术支撑。例如，"低碳生活快乐营"活动中，涉及的"低碳"测量问题就需要一定的技术支持，对此，社区工作者要利用社区自身优势，在平时多留意并储备技术资源。

（四）其他资源支持

除上述三种资源支持外，公益实践活动中还会涉及其他资源的支持，如财力资源。上述这些资源支持，在公益实践活动实施阶段都需要社区的有效统筹、调配和支持。

四、做好活动的参与引导工作

在公益实践活动的实施阶段，社区工作者做好活动的参与、引导工作也是至关重要的。

（一）引导青少年依据活动计划，有效开展活动

社区工作者要依据青少年在学校或社区活动中自己设计的活动计划，切实并积极引导，适时发挥社区工作者的组织者、促进者和专业带领者的角色，有效引领并促进青少年开展公益实践活动。

（二）引导青少年积极开展活动，起到促进及榜样示范作用

社区工作者要积极组织、促进在校青少年的公益实践活动，利用自身在活动中的丰富经验，有效促进指导青少年开展公益实践活动，并起到一定的示范作用。

（三）引导社区组织有效参与，扩大活动影响

在活动实施阶段，社区工作者吸引社区组织参与公益实践活动，扩大活动的影响力，充分发挥社区工作者倡导者的角色，为青少年公益实践活动更多发声、倡导。

（四）引导社区居民积极参与，体验活动效果

公益实践活动本身就是服务于社区需求的服务活动，因此社区要发挥自身在社区居民中的号召力和影响力，鼓励和促进社区居民积极参与活动，体验活动效果，感受活动魅力。

五、做好活动的后勤保障工作

社区工作者的后勤保障是公益实践活动实施的坚实基础，是公益实践活动实施的有力保障。

（一）活动服务保障工作

社区工作者要做好活动中的服务保障工作，对于活动涉及的社区服务工作一定要到位，不要影响公益实践活动效果。

（二）活动秩序保障工作

活动秩序是活动有效进行的重要安排。因此，为了保障活动的有效开展和顺利进行，在活动实施时，社区工作者要向活动参加者详细说明活动秩

序和注意事项，并引导青少年和其他参与者按照活动秩序开展活动。

（三）活动突发事件处理工作

对于在活动开展过程中遇到的突发事件和意外事件，社区工作者可以根据先前制定的应急预案，灵活、迅速、妥善地处理和解决。

第三节　青少年社区公益实践活动的评估阶段

青少年社区公益实践活动的评估是社区工作者对整个活动过程及成效的评价与反思，主要包括评价和反思两个部分。

一、评价

评价就是利用一定的评价指标和方法对活动的全过程以及社区在活动中依托作用发挥的程度和效果进行分析和评估。通过评价，一方面可以检测社区依托作用发挥的效果，另一方面可以找到社区工作存在的问题与不足，并对未来的社区工作改进提供指导性建议。社区工作者在公益实践活动中的评价既可以是正式的，也可以是非正式的；既可以是定性的，也可以是定量的；既可以是形成性评价，也可以是总结性评价；既可以是自评，也可以是他评。

由于社区在公益实践活动中具有依托作用，它又是公益实践活动的主要服务场所和服务对象，因此社区工作者在评价时，尤其要注重公益实践活动的其他参与方和社区受益者对社区工作的评价。这对于提高社区工作，提高社区居民的满意度，增强社区居民的社区归属感和认同感有着重要的价值与意义。

（一）社区工作者的自我评价

自我评价是社区工作者自身对自己在公益实践活动中工作的评价。社区

工作者在进行自我评价时一定要客观、公正。社区工作者的自我评价主要涉及以下几个方面。

1. 组织参与活动的社区工作人员的评价

一方面，可以通过组织参与活动的社区工作人员的直接体验和感受来评价其在公益实践活动中的作用；另一方面，可以发现社区还需要改进和完善的工作等。

2. 未参与活动的社区工作人员的评价

未参与活动的社区工作人员可以从观察者的角度进行间接评价，可以以访谈的方式进行评价，也可以通过自行设计的问卷进行评价。作为一种间接评价，这种评价只是社区公益实践活动评价的一种参考，可以从侧面说明社区公益实践活动的效果。

3. 社区居委会的评价

社区居委会在公益实践活动中发挥着直接作用。它是公益实践活动的直接参与者，同时还是公益实践活动资源的调度者、协调者和统筹者。它的评价更多从组织、协调和资源的链接及调配上反映社区工作者的工作成效和需要改进的地方。

（二）他人对社区工作者的评价

除了社区工作者的自我评价之外，社区工作者的工作成效及作用还需要他人进行评价。他人对社区工作者的评价，可从以下几个方面来衡量。

1. 在校青少年评价

在校青少年评价主要是对社区工作者在公益实践活动中组织、引导和资源链接支持等方面进行的评价。在校青少年是公益教育的核心，是公益实践活动的直接参与者和体验者，他们对社区工作有着直接的感受和体会，因而他们对社区工作者工作的评价是必不可少的。

2. 家庭评价

家庭是社区的一员，家庭资源是社区资源的重要组成部分。公益实践活动的首要资源不是来自社区，而是来自青少年所在的家庭。家庭对公益实践活动的评价，一方面是通过青少年在活动中的参与效果，另一方面主要是通过家长的观察、参与来进行。

3．学校评价

学校是公益教育及实践活动的主导，也是公益教育及实践活动的总体策划者。公益教育效果的好坏离不开社区的支持与配合，而学校对社区工作者的评价主要是从公益教育及实践的实际效果及社区工作者所扮演的角色等方面进行。

4．社区居民评价

社区居民是公益实践活动的服务对象，是公益实践活动的受益者。他们对社区工作者的评价，主要是从社区居民的参与、体验和服务满意度上进行。

5．活动中的志愿者评价

活动中，被招募参与活动的志愿者是重要的活动资源。他们对社区工作者的评价，通过其亲身参与，主要集中在三个方面：一是依据青少年在活动中的成就和能力提升评价社区工作者的工作成效；二是通过与社区工作者的互动进行评价；三是通过观察和体验进行评价。这些评价可以作为社区工作者评估自身工作成效的参考。

6．上级主管部门评价

对于社区工作者的工作成效，还可以通过上级主管部门的专项评价或综合能力评价进行。

（三）经验总结与工作改进

任何一种评价，目的在于总结经验、吸取教训，为下一步更好地开展工作奠定基础。

1．经验总结

总结经验是为了更好地促进工作，提高工作效率和服务效果。社区工

作者可以通过座谈交流、书面总结报告等方式进行经验总结，这有助于公益实践活动的进一步开展。

2. 工作改进

社区工作者通过各种途径的评价和经验总结，在了解工作成效的同时，必然会发现今后工作中需要改进的内容及方法。这对于完善社区功能，拓宽社区工作渠道，提高社区工作者的服务效果具有积极的意义和重要的价值。

（四）对公益实践联动机制的评价

对公益实践联动机制的评价主要涉及社区与家庭、学校互动关系和互动频度的评价，此外还包括对公益实践活动模式的评价。

1. 社区与家庭、学校互动关系的评价

公益实践活动是家庭、学校和社区三方通力协作、共同配合的过程，三方的互动关系与互动效果关系着公益实践活动的实现模式。为了更好发挥这种模式的效果，需要社区工作者通过评估活动的互动关系，继续巩固或加强社区与家庭、学校的互动合作关系。

2. 社区与家庭、学校互动频度的评价

社区与家庭、学校的互动频度，影响着公益教育及实践机制构建的完善与否。互动频度弱，说明社区与家庭、学校之间缺乏有效的互动，还未形成公益教育及实践三方协调互动的机制与模式。

3. 公益实践活动模式的评价

公益教育总是在一定的家庭、学校和社区之间的互动中进行。不同的社区环境有着不同的资源，与学校和家庭之间存在不同的互补或促进关系，进而形成不同的公益实践活动模式。因此，总结和评价公益实践活动模式的特点和类型，有助于根据不同的实际情况，有效地开展形式多样、切合实际的公益实践活动，从而更好地服务于青少年的公益学习和社区需求。

二、反思

公益实践活动的反思贯穿于公益实践活动的全过程，可以说，在公益实践活动的每个阶段都存在着反思。反思是公益实践活动的一大特色，公益实践活动正是通过不断的反思，促使公益实践活动的各方参与者不断总结经验与不足，实现"学习—反思—再学习"的循环过程。反思是不断提高自身对活动认识、不断增强自身在活动中作用的阶段，也是公益实践活动必不可少的阶段。

反思，不是简单的回忆和回顾，而是一种更高层次上的反省，是回过头来看过去，看自己原先走过的路、做过的事。它一方面指逻辑方面比原先的层次更高，另一方面指用新的理念去思考。社区工作者在公益实践活动中的反思，主要是其对社区在活动中依托作用发挥的途径、形式，以及效果，对社区工作者自身的角色等进行有效的反思与总结，从中获得经验、找出不足，为下一阶段更好地开展公益实践活动打下坚实的基础。

（一）对社区依托作用的反思

社区在公益实践活动中发挥着依托作用，社区依托作用发挥得好坏直接关系着公益实践活动的效果。因此，在反思阶段，首先是对社区在活动中所发挥作用的反思。

1. 社区对学校活动配合与支持的反思

社区依托作用的发挥首先体现在对学校活动的配合与支持上。社区能否与学校公益教育及实践活动实现有效的对接和配合，充分体现出社区依托作用的发挥程度。

2. 社区对家庭配合与支持的反思

社区依托作用的发挥还体现在对家庭的促进与支持上。家庭总是一定社区中的家庭，社区环境的好坏直接或间接地影响着家庭。良好的社区能够有效与家庭形成互动，较好地支撑公益实践活动，反之亦然。

3. 社区对青少年活动配合与支持的反思

社区依托作用的发挥，更重要的是体现对以青少年为中心的公益实践活动的协调、促进和支持上。社区工作者在这一方面就要反思自身是否能够有效促进、支持、指导、参与公益实践活动。

（二）对公益实践活动过程的反思

在公益实践活动中，社区工作者的反思还体现在对公益实践活动过程的反思上，主要包括反思公益教育目标的达成情况、社区的服务需求情况等。

1. 对公益教育目标实现状况的反思

公益教育目标是公益实践活动的重要目标，公益实践活动的开展旨在追求公益教育目标的实现。社区在公益教育目标的实现上发挥着不可或缺的作用。因此，在这一阶段，社区工作者要反思自身对公益教育目标达成的贡献及贡献的大小以及自身是如何发挥作用的。

2. 对社区服务需求满足状况的反思

社区服务需求是否满足也是社区工作者值得反思的方面。公益实践活动是基于社区需求和社区实际情况而策划设计的。社区工作者要反思公益实践活动服务于社区、满足社区需求的情况如何，以及社区工作者是如何促进青少年了解社区及需求，从而服务于社区的。这些深刻的反思及经验总结，对公益实践活动的再次开展将发挥切实有效的指导作用。

（三）对自身工作的反思

公益实践活动中涉及社区工作者的许多常规工作，都需要社区工作者及时反思，尤其需要反思在公益实践活动中社区工作者的角色。

1. 对社区工作者角色的反思

社区工作者在公益实践活动中，将实现对以往角色的转化，从事无巨细的筹划者、行动者、照顾者转变为公益教育及实践的倡导者、组织者、促进者和资源提供者。角色转化需要一个时间过程，更重要的是需要社区工作者对角色行动的觉察和调整，反思自身是如何做到角色转化的以及如何降低过去活动中的角色对新角色担当中的影响。

2．对工作经验的反思

社区工作者对工作经验的反思包括对自身在公益实践活动中的反思，和对日常工作的反思。反思的内容包括公益实践活动中的建设性经验和不足、日常工作中的积极经验和不足、日常工作的经验与公益实践中经验的相互借鉴和迁移。反思的方法包括写反思日记或报告、进行反思性讨论等。

（四）社区未来工作计划

社区工作者在进行以上反思的基础上，还要考虑未来的工作计划与安排，以更加有效地开展公益实践活动。

社区未来工作计划是在反思的基础上，总结经验，吸取教训，为更好地促进公益实践活动的开展所制订的工作计划。社区未来工作计划一定要以青少年为中心，服务于公益教育，服务于社区需求，不仅能够与家庭、学校进行有效的配合与支持，而且能够有效地建立起对内对外联络、宣传的机制，扩大公益教育的影响和效果。

第五章

青少年社区公益实践活动案例

社区是公益实践活动的依托与平台。无论是以学校为主导的公益实践活动，还是以家庭为主导的公益实践活动，最终都要以社区为载体，都是在一定的社区中开展的。北京师范大学中国公益教育研究所经过三年的尝试、探索、研究以及对社区的培训和指导，开展了一系列以社区为主导的公益实践活动，其中生动具体地再现了一些活动案例，希望对以后以社区为主导的公益实践活动有所指导，提高社区开展公益实践活动的能力和水平。

第一节 我是环境小卫士

至2013年夏，北京师范大学中国公益教育研究所已经组织开展了多项公益实践活动，其中，既有以学校为主导的，又有以家庭为主导的。2013年，为了丰富青少年的暑期生活，通过有意识地培养并提高青少年的能力，北京师范大学中国公益教育研究所通过对北京市海淀区西三旗街道下的社区培训，指导社区开展了一系列以社区为主导的"我行动，我快乐"公益教育主题实践活动。清缘里暑期青少年社会实践活动"我是环境小卫士"就是这次系列活动中的一项。

清缘里暑期青少年社会实践活动，是由北京市海淀区西三旗街道清缘里社区主导开展的青少年公益实践活动。本次活动主要由清缘里社区居委会主任柳素敏（见图5-1）和社区文教工作者马娜（见图5-2）负责组织。本次活动主要分为以下几个阶段。

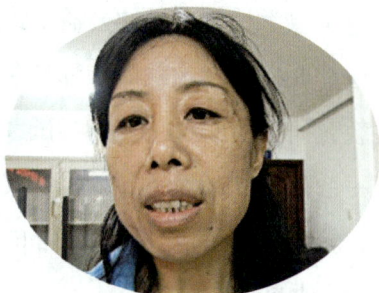

图5-1　清缘里社区居委会主任柳素敏

图5-2　清缘里社区文教工作者马娜

一、活动准备与启动

清缘里社区非常重视这次公益实践活动，因为这是社区第一次组织开展这样的活动。虽然社区以前也举办过类似的活动，但活动的形式和内容还是有很大差别的。社区居委会作为基层工作部门，非常愿意尝试和探索有益于青少年身心健康发展的，有意识地培养青少年自身能力和社会责任感的公益实践活动。为了这次公益实践活动，清缘里的社区工作者也做了更多的准备。首先，他们在中国公益教育研究所老师的专业指导下，增强了对公益实践活动的认识和学习。其次，他们学习并应用活动准备时需要做的工作程度，先将社区青少年的活动需求和社区实际及街道的工作指引相结合，明确本次活动的主题为"社区环保"，再通过社区工作人员的讨论形成较详细的公益实践活动计划，接着利用社区宣传栏、楼门通知和电话通知等方式宣传并招募参加活动的青少年及家庭，并逐一落实参加人数和具体活动时间。最后，他们联系小区的物业，以确定活动的场地。通过以上对活动准备程序的学习和运用，他们对这次公益实践活动的活动准备有了新的体验，他们明显感受到这次活动准备较以往更加专业、规范和清晰。因此，他们对这次活动更有信心。为了表示对这次公益实践活动的重视，同时为了区别于以前开展的一般活动，提高青少年和家长的参与意识，在2013年7月16日上午特别举办了"清缘里暑期青少年社会实践活动"

启动仪式（见图5-3）。参加这次启动仪式的有北京师范大学中国公益教育研究所的代表、大学生志愿者以及社区小学生及家长等。活动启动仪式由清缘里社区文教工作者马娜主持。马娜首先对参加活动的人员进行了一个简单的欢迎仪式，之后在"清缘里暑期青少年社会实践活动"开场词中具体介绍了活动的环节和内容，最后宣布此项活动正式开始。

各位同学，还有亲爱的家长们，大家好！我是清缘里社区负责文教工作的马娜（见图5-2）。今天很高兴能来参与清缘里暑期青少年社会实践活动的启动仪式。这次活动我们特别荣幸地邀请到了北京师范大学中国公益教育研究所的一些老师和一些大学生志愿者。他们对我们这次活动提供了帮助，现在让我们以热烈的掌声欢迎他们并且感谢他们！

可能大家也看到了，今天开展的活动的形式和以往不太一样，这就是我们在2013年的暑期特意为大家探索或者说全新推出的一种新的活动模式，那就是以学校为依托，以社区为平台，以家长为载体，共同把青少年的团结协作精神，对社区的关怀、关爱、认识以及小主人翁意识和社会责任感的培养作为目标。我们这次活动是以"环保"为主要内容的，希望借这次活动让同学们通过自己的努力，带动身边的家长、朋友，共同为我们的社区乃至社会做点力所能及的事情，让我们的地球多增添一抹绿色。现在我宣布，今天的活动正式开始！

二、活动实施

为了便于来自社区的青少年相互认识和了解，并根据他们各自的喜好在活动中担任不同的角色，设计不同的活动任务，社区工作人员以青少年为中心和主体，通过增强青少年的互动体验来促进青少年设计并实施公益实践活动。这一方面使参加活动的青少年相互了解和认识；另一方面使青少年在活动中充分发挥自己的能力，充分展示自己，在活动中享受快乐，在快乐中设计活动，在互动中实施活动。

（一）活动热身

活动热身主要是通过游戏的方式，增进陌生青少年之间的相互了解和认识，为下一环节的活动做好充分的铺垫和准备。

1. 写名字

为了便于社区内青少年之间的了解和认识，首先请青少年在便捷贴上写下自己的名字（见图5-3），并贴在自己的胸前，便于相互之间认识。

图5-3　清缘里社区参加活动的青少年在写名字

2. 自我介绍

在所有青少年写好并贴上自己的名字之后，社区工作者马娜通过自己示范，组织引导青少年依次站起来用洪亮的声音进行自我介绍，并给青少年做示范。

例如，大家好，我叫马娜，我来自清缘里社区。大家可以介绍一下自己的学校和年级。

马娜在做了示范之后，黄阳小同学首先站起来做了自我介绍（见图5-4）。

大家好，我叫黄阳，我来自永泰小学三年级五班！

然后，其他青少年依次做了自我介绍（见图5-5）。

图5-4　黄阳在做自我介绍

图5-5　在做自我介绍

3．注意事项

所有青少年做完自我介绍之后，接下来就是具体的热身环节。由于场地的限制，游戏环节主要在室外的小区内进行。考虑到大家的安全，同时为了提醒大家在做游戏时尽量不要影响周边居住的居民，社区工作者马娜特意强调了活动安全事项。

咱们今天到场的总共是31名同学。我们要做两个游戏。游戏在小区里进行，大家一定要做到以下几点：第一，保证安全，自己要注意，不要乱跑、小心摔跤；第二，听清游戏规则，按游戏规则活动；第三，注意音量，因为是在小区里，咱们声音太大了，就会吵到楼上住的爷爷奶奶、叔叔阿姨们。虽然我们要活跃一些，但也要考虑其他居民的感受。

4．游戏介绍

为了让每个参与的青少年都能熟悉游戏规则并能积极地参与到游戏中去，马娜在游戏开始前又将游戏规则和内容向大家做了具体介绍。

下面我先介绍一下游戏：第一个游戏是数字组团。当我说出一个数字时，大家可以自愿组合，尽快组成一个由我所说数字的人数组成的圈。例如，我说5，大伙要找相邻的同学或者其他人，组成一个由5个人围成的圈；如果我说6，那么原来的5人圈自行解散，大家赶快重新组成一个由6人围成的圈。如果其中某个同学没有找到自己的伙伴，也就是说，没有在圈内，那我们就会给这个同学一个展示自我的机会，可以为大伙儿唱首歌，说个笑话，或者背首诗，或者邀请你的好伙伴上台和你一块儿表演！

5．游戏热身

在以上工作就绪之后，青少年在马娜的带领下来到了小区内，开始做游戏热身。

（1）数字组团游戏

为了让大家都能熟悉游戏，马娜又重申了游戏规则和内容，并进行了尝试性体验，待每个人都熟悉之后，开始了数字组团游戏（见图5-6）。

图5-6　青少年在玩数字组团游戏

活动开始了，马娜说"4"，根据前面介绍的游戏规则，大家争先恐后、快速地寻找自己的伙伴，组成由4人围成的圈。

在4人圈游戏之后，参加活动的青少年都熟悉了游戏规则。紧接着，马娜又喊出了"6"，大家又开始迅速寻找自己的新伙伴；之后，马娜又喊出了"3"，经过这一轮，出现了表演节目的同学。表演节目的是一个腼腆的小女孩，在经过一番思考之后，她演唱了她所在学校的校歌。之后，马娜告诉大家，再玩最后一组游戏，10人一组，每个人又开始迅速地"拉"其他的小伙伴。

（2）名字串烧游戏

做完数字组团游戏之后，活动的气氛活跃起来，大家由不认识到逐步认识。在社区工作者马娜的带领和指导下，大家又开始了第二个游戏——

名字串烧游戏。这一游戏的目的是让大家能够相互之间认识、了解加深印象。马娜和大学生志愿者首先做了示范（见图5-7）。

我叫马娜。

我是马娜左边的陈春文。

我是马娜左边的、陈春文左边的洪峰。

图5-7　社区工作者和大学生志愿者在做示范

大家明白了游戏内容之后，马娜告诉大家："在这个活动中，越往后说的人，压力可能越大。因为他要从第一个人名一直串说到最后一个。除此之外，还有一点要说明，虽说大家都把自己的名字贴到自己的胸前了，但如果有人不认识某个名字，大家一定要齐心协力地帮助他、提醒他，以便让他能够完整地说出来。"

大家10人一组，开始名字串烧游戏。

游戏分为以下几个环节：

每个人先说出自己的名字，"我叫……"

从右边开始名字串烧，"我是……，我是……左边的……"如此循环下去，直至最后一个人（见图5-8）。

图5-8　在玩名字串烧游戏

从左边开始名字串烧，并增加游戏难度，在介绍名字的基础上，再说出自己的兴趣爱好，以便大家互相了解。

"我是爱看书的洪峰""我是爱打羽毛球的何远鹏""我是爱游泳的恩英焕""我是爱看书的张涵博""我是爱跳舞的白梦坤""我是喜欢读书的唐睿""我是喜欢丢沙包的黄阳""我是喜欢打乒乓球的杨雯熙""我是喜欢动脑筋的李梓煜""我是喜欢跳拉丁的张涵璐""我是喜欢写书法的谢沛然"……

在名字前面加上自己的爱好，进行名字串烧，"我是爱看书的洪峰，我是爱看书的洪峰左边的爱打羽毛球的何远鹏……"如此循环下去，直至最后一个人。

（二）活动设计

在活动设计环节，社区工作者马娜早早准备好了这个环节每个小组所需要的各种物品：三张A4白纸、一张8开白纸以及一盒水彩笔。三张A4白纸中，其中一张用于设计活动计划，一张用于活动记录，一张用于制定小组规范。一张8开的白纸，用于活动最后环节的展示，即参加活动的每个小组通过小组讨论，集思广益制订出来的活动规范和活动计划，可以根据活动主题全部展现在这张白纸上，换句话说，就是设计制作一个小组活动海报，用于小组活动的宣传和实施。一盒水彩笔，一方面方便小组活动情况的记录，另一方面用于小组活动海报的绘画和制作。

通过上面的数字组团游戏和名字串烧游戏，小组成员之间已经熟悉起来。这时社区工作者马娜告诉大家：

以现在的小组为最终进行活动时的小组，也就是说，现在咱们10人一组，是要在假期里进行活动的小组。希望咱们每个小组成员继续保持良好的精神状态，希望大家能够继续参加，顺利完成暑期公益实践活动。

活动设计环节主要包括三个方面的内容：活动规范的建立、活动计划的制订和活动设计的展示。每部分内容中又包含具体的细节，马娜为了便于大家的理解和记忆，专门把这些内容和细节全部写在了黑板上（见图5-9），方便每个小组展开活动。

图5-9 小组活动设计的内容

1．活动规范的建立

活动规范的建立需要考虑如下内容：组名；口号；组长；组员；亮相；小组规范；签名。

在明确了自己小组的任务之后，每个小组都开始了热烈的小组讨论（见图5-10）。每个人积极发言，表明态度，发挥自己作为小组成员的作用，制定出有利于小组活动顺利实施、对小组成员具有有效规范的小组活动规则。

图5-10 小组成员们在热烈讨论

每个小组首先经过小组成员的表决选出了小组组长、宣传员、文秘和大管家；然后在小组长的全面负责和协调下，开始了分工工作，有的记录，有的负责保管小组物品等。小组长积极动员和发挥小组成员的聪明才智；小组成员积极发言，发表自己的意见和想法，共同讨论；在讨论的过程中，小组的文秘负责全面记录小组成员的意见（见图5-11）；最后经过小组成员共同讨论，整理总结意见，形成小组成员共同遵守的小组活动规范。为了慎重，同时也为了增强活动规范对小组成员的约束力，每个小组成员在活动规范后签上了自己的名字。

经过小组的认真讨论和总结，各个小组最终组建出不同特色的小团队。

图5-11　各小组文秘在认真记录

（1）第一小组

组名：环保小卫士

口号：节约环保，爱护地球

小组规范：

第一，如果有人有事情，需要向组长请假。

第二，别人说话的时候，不能打断。

第三，遇到问题或困难，大家讨论解决。

第四，和别人想法不一样时，要多听他人想法的可取之处，找到大家的共同想法。

第五，不指责和抱怨别人。

亮相：第一小组表演亮相动作

（见图5-12），"一、二、巴拉拉！"

签名：张涵博、恩英焕、谢沛然、李涵璐、白梦坤、杨雯熙、黄阳、唐睿、李梓煜、贺远鹏

（2）第二小组

图5-12　第一小组成员亮相动作

组名：漂流瓶

口号：漂流瓶、环保瓶，满载希望、飘心悠扬

组长：董如斯

组员：孙雨童、邱思语、杨新、杨鹏、邹婷、邹宇、朱梦颖、陈飞飞

小组规范：

第一，每次活动时，要准时，不迟到。

第二，讨论时，积极发言。

第三，大家想法不一样时，要商量找到共同的地方。

第四，遇到问题时，大家一起商量解决。

第五，大家要友好相处，不指责和埋怨别人。

签名：邹婷、邹宇、朱梦颖、陈飞飞、孙雨童、邱思语、杨鹏、杨新

（3）第三小组

组名：英雄联盟

口号：队友的生命，就是自己的生命

组长：张琪

组员：肖杨、刘垚、李梦豹、郭子涵、王福硕、巫泽其、陆尧通、陈浩喆、宋语、李育霖

小组规范：

第一，要互相尊重，禁止骂人。

第二，组员不要高声喧哗，不要随意打闹。

第三，不要乱扔垃圾，遵守纪律，节约时间。

第四，遇到问题或困难时，由组长召集大家一起讨论解决。

第五，大家意见不一致的时候，要听取不同的想法，求同存异。

签名：宋语、陈浩喆、陆尧通、巫泽其、王福硕、郭子涵、李梦豹、刘垚、肖杨、李育霖

2. 活动计划的制订

在经过20分钟的小组建立环节之后，每个小组开始了小组活动计划的制订。小组活动计划包括如下几个方面的内容：组名；成员；分工——小组长全面协调，宣传员拍照，文秘记录，大管家物资保管与分发等；安排——主题、时间、地点；物资等。

在30分钟时间内，各个小组参考社区工作者给予的"小组活动计划"模板，展开了热烈的讨论。在规定的时间内，各个小组投入热烈而认真的小组活动计划制订中。最后，每个小组基本上都制订出了自己的小组活动计划。

（1）第一小组活动计划

组名： 环保小卫士

成员： 白梦坤、张涵博、恩英焕、谢沛然、杨雯熙、黄阳、唐睿、李梓煜、贺远鹏

分工：

组长：张涵博　全面协调

宣传员：李梓煜　拍照

文秘：白梦坤　记录

大管家：谢沛然　物资保管与分发

安排：

主题：回收废旧电池

时间：2013年7月11日上午9：00—11：00

集合地点：名烟名酒超市

物资： 纸盒、横幅、手套、A4白纸

备注： 如有下雨，就暂停或延迟活动

（2）第二小组活动计划

组名： 漂流瓶

成员： 孙雨童、邱思语、杨鹏、杨新、董如斯、邹婷、邹宇、朱梦颖、陈飞飞

分工：

组长：全面协调

网络调查员：搜索瓶子用途

工艺瓶子制作员：制作工艺瓶子

讲解员：讲解瓶子的用途

安排：

主题：瓶子的大用途

时间：2013年7月18日、19日，下午1：00—3：00

集合地点：市民学校

物资：塑料瓶、剪刀、胶棒、彩纸

（3）第三小组活动计划

组名：英雄联盟

宣传员：肖杨

小文秘：宋语

主题：节约资源，保护环境

时间：2013年7月17日上午9：00—11：00

在活动计划的制订这个环节，除了第三小组在规定的时间内没有商议制订出小组的全部活动计划之外，另外两个小组都圆满地完成了活动计划的制订。

3. 活动设计的展示

各个小组成员经过前面两个环节，即活动规范的建立和活动计划的制订，实际上已经形成了小组活动实施的设计。在展示环节，主要展示各个小组制订出来的活动规范和活动计划，并邀请每个小组派代表进行讲解。展示分为两个步骤，首先每个小组派代表展示并讲解自己小组的活动规范，之后再进行活动计划的展示。

（1）第一小组展示

① 活动规范的展示

第一小组活动规范的展示是由小组长张涵博负责的。他把经过小组讨论制订出来的小组活动规范，边展示边讲解（见图5-13）。

我是第一小组组长张涵博，下面由我来介绍我们小组的活动规范：

组名：环保小卫士

口号：节约环保，爱护地球

小组规范：

第一，如果有人有事情，需要向组长请假。

第二，别人说话的时候，不能打断。

第三，遇到问题或困难，大家讨论解决。

第四，和别人想法不一样时，要多听他人想法的可取之处，找到大家的共同想法。

第五，不指责和抱怨别人。

亮相：请小组上来，表演亮相的动作（见图5-14），"一、二、巴拉拉！"

小组签名：张涵博、恩英焕、谢沛然、李涵璐、白梦坤、杨雯熙、黄阳、唐睿、李梓煜、贺远鹏

图5-13　张涵博在讲解第一小组活动规范

图5-14　第一小组成员展示亮相动作

② 活动计划的展示

第一小组活动计划的展示是由小组文秘白梦坤负责进行的，依然是一边讲解一边展示（见图5-15）。

我介绍的是我们小组的活动计划。

图5-15　白梦坤在讲解第一小组活动计划

组名：环保小卫士

成员：白梦坤、张涵博、恩英焕、谢沛然、杨雯熙、黄阳、唐睿、李

梓煜、贺远鹏

分工：

组长：张涵博　全面协调

宣传员：李梓煜　拍照

文秘：白梦坤　记录

大管家：谢沛然　物资保管与分发

安排：

主题：回收废旧电池

时间：9：00—11：00

地点：名烟名酒超市

物资：纸盒、横幅、手套、A4白纸

注意事项：如有下雨，就暂停或延迟活动

（2）第二小组展示

第二小组活动规范和活动计划的展示都是由第二小组组长董如斯负责完成的（见图5-16）。

① 活动规范的展示

组名：漂流瓶

口号：漂流瓶、环保瓶，满载希望、飘心悠扬

组长：董如斯

组员：孙雨童、邱思语、杨新、杨鹏、邹婷、邹宇、朱梦颖、陈飞飞

图5-16　董如斯在讲解小组活动规范和活动计划

小组规范：

第一，每次活动时，不准迟到。

第二，讨论时，积极发言。

第三，大家想法不一样时，要商量找到共同的地方。

第四，遇到问题时，大家一起商量解决。

第五，大家要友好相处，不指责和埋怨别人。

我是这样想的，每个人都有自己的见解，如果让他们闷在心里不说的话，可能他们的一些好的见解就这样被忽略过去了。所以，我邀请每个组员在讨论时都积极发言。

签名：邹婷、邹宇、朱梦颖、陈飞飞、孙雨童、邱思语、杨鹏、杨新

② 活动计划的展示

我们小组准备做的是一个关于回收旧瓶子的活动。为什么叫"漂流瓶"呢？因为我们的活动与瓶子有关，于是暂时想出了"漂流瓶"这样一个词，组员们也都同意了。

组名：漂流瓶

组员：孙雨童、邱思语、杨鹏、杨新、董如斯、邹婷、邹宇、朱梦颖、陈飞飞

分工：

组长：全面协调

网络调查员：搜索瓶子用途

思考废旧瓶子如果能够回收再利用的话，可以怎么样再用它。

工艺瓶子制作员：制作工艺瓶子

我们要把那些废旧的瓶子制作成工艺品，制作好以后，找一个地方向小区居民展出。

讲解员：讲解瓶子的用途

在活动的时候，可能会有一些社区居民过来参观询问，讲解员的任务就是向他们讲解瓶子的用途。

安排：

主题：瓶子的大用途

时间：2013年7月18日、19日，下午1：00开始

集合地点：市民学校

物资：塑料瓶、剪刀、胶棒、彩纸

（3）第三小组展示

第三小组活动规范和活动计划主要是由第三小组组长张琪进行讲解和展示，其中个别内容是由小组其他成员辅助完成的。第三小组在对小组活动规范和活动计划展示之后，小组成员还进行了小组"LOGO"的讲解与展示（见图5-17）。

图5-17 第三小组在讲解小组活动规范和活动计划

① 活动规范的展示

组名：英雄联盟

口号：队友的生命，就是自己的生命

组长：张琪

组员：肖杨、刘垚、李梦豹、郭子涵、王福硕、巫泽其、陆尧通、陈浩喆、宋语、李育霖

活动规范：

第一，要互相尊重，禁止骂人。

第二，不要高声喧哗，不要随意打闹。

第三，不要乱扔垃圾，要遵守纪律，节约时间。

第四，遇到问题或困难时，由组长召集大家一起讨论解决。

第五，大家意见不一致的时候，要听取不同的想法，求同存异。

签名：宋语、陈浩喆、陆尧通、巫泽其、王福硕、郭子涵、李梦豹、刘垚、肖杨、李育霖

②活动计划的展示

组名：英雄联盟

宣传员：肖杨

文秘：宋语

主题：节约资源，保护环境

时间：2013年7月17日9：00开始

第三小组成员还设计了小组的LOGO，是一个"显龙眼"，用他们自己的话说，"意思是能看透一切，我们会看到地上的每一片垃圾并且捡起来"。

在展示环节，除了第三小组的活动计划部分完成之外，其他小组均完成了活动规范的建立和活动计划的制订。由于第三小组部分地完成活动计划，社区工作者马娜对该组提出了如下要求与希望：

虽然他们的活动计划还没有完全制订出来，但希望在组长的带领下继续讨论，制订出完善细致的活动计划。

在小组展示环节之后，社区工作者马娜对这次活动进行了小结：

针对刚才的讨论，我来进行一个小结。我发现咱们大家有一个共同的优点，当然也有不足。

优点：我发现每一个小组都会用民主选举的程序和方法来决定自己组的组长、组员以及其他的一系列角色的任务。所以，我希望在计划实施的过程中，组长们要履行好自己的义务和职责；组员们也要珍惜自己手中的权利，大家一起把活动计划完成好、落实好。

不足：大家也看到了，我们结束时间本来定的是上午十一点，到现在

估计我们的活动结束得十一点半左右。所以，问题就是我们大家对时间的把握还需要加强。男生这边主要是因为有些贪玩而拖延了时间，女生这边主要是对细节关注得太多。所以大家一定要注意时间。

下面我们有请三个组的组长、宣传员、文秘、大管家上台（见图5-18）。让我们重新看看各位通过手中的权利选出来的小代表，给他们加加油，希望他们能够在活动当中，带领大家把我们的计划好好落实，希望他们能尽到自己的责任，也希望大家共同努力。

图5-18　各组小代表集体亮相

各组小代表上台之后，为了使他们在活动实施阶段能够有效发挥作用，同时也为了激励他们，马娜还让每个小组长进行了即兴发言。一方面谈感受，另一方面表决心，希望他们各自的小组计划能够顺利实施。

第一小组组长张涵博发言（见图5-19）：

感谢小组成员们对我的投票支持，我会尽力做好，带领好这个小组，谢谢大家！

第二小组组长董如斯发言（见图5-20）：

我这个小组组长算是"被迫"的，被迫是加引号的。用我自己的话说，这个小组组长，是他们民主选的，也算是我加引号地被迫当上的。其实，我非常感谢他们对我的这种工作能力的肯定。同时我感觉，他们其实也挺不容易的，因为我们的漂流瓶计划，可能实施起来会比较花时间和精力，所以我对我们组的未来产生了无限的憧憬。

第三小组组长张琪发言（见图5-21）：

我能当上这个组长，可能是靠运气吧！我觉得他们有些淘气，况且要带领这么多人，我觉得只有靠实力才能组织、管理好大家！

131

图5-19 张涵博在发言　　图5-20 董如斯在发言　　图5-21 张琪在发言

（三）活动计划实施

根据各小组设计的活动计划，2013年7月17日上午，第一小组和第三小组全部成员分别来到了他们各自的活动地点，开始了他们活动计划的实施。

1. 第一小组活动计划的实施

第一小组活动主题是"回收废旧电池"，根据他们的活动计划，在2013年7月17日上午9时，小组成员除小组长生病发烧不能到场外，其余小成员带着活动条幅和他们自己制作的废旧电池回收箱以及所需的其他物资按时来到了居民小区（见图5-22）。由于原小组长生病不能到场，小组成员们很快推选了新的小组长——白梦坤，全面负责协调小组活动计划的实施。在新组长白梦坤的负责和带领下，为了更好地开展活动，新组长又把小组分成了几个小分队，每个小分队负责一栋楼，挨家挨户回收废旧电池。之后，他们带来了塑料手套，发给每个小组成员，开始实施他们的活动计划。其中，一个小分队的成员恩英焕和何远鹏首先来到了一家便民超市，询问店主是否有废旧电池，并告诉店主他们是来回收废旧电池的，结果大有所获（见图5-23）。之后，他们来到了居民楼，挨家挨户回收废旧电池（见图5-24）。

在挨家挨户回收废旧电池的过程中，他们遇到了各种情况。有的住户很有回收意识，将废旧电池集中起来。遇到这种情况，两个小志愿者非常兴奋，用他们自己的话说，就是"大丰收呀！"而有的住户干脆没有废旧电池，也许是平常混入其他垃圾扔掉了，还没有了解和认识到废旧

图5-22　第一小组参加活动的全部成员

图5-23　第一小组成员在便民超市回收废旧电池

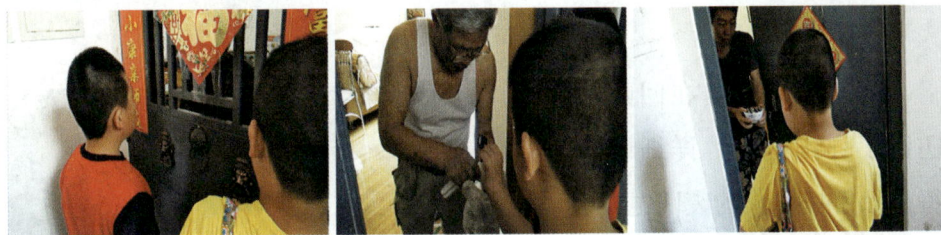

图5-24　第一小组成员挨家挨户回收废旧电池

电池的危害。还有的居民对待小志愿者很热情，非常乐意支持他们的活动；而有的则是态度平淡。小志愿者在回收废旧电池中所面临的各种情况，想必也会使他们受到锻炼，对社会和人际交流有更加深入的了解和体验吧！

尽管小志愿者在回收废旧电池的过程中累得满头大汗，但看到通过自己的努力和劳动得到的成绩，他们不仅仅是高兴，更多的是兴奋！

有一个小分队来到了正在家中养病的原小组长张涵博的家中回收废旧电池。张涵博看到小组成员在回收废旧电池时，非常激动，虽然生病，但还是坚持带病和小成员们一起去回收废旧电池。

经过两个小时（上午9：00—11：00）的废旧电池回收之后，各个小分队带着他们回收的废旧电池回到了约定的集合地点，并对所回收的各类废旧电池进行清点，装进他们制作的"废旧电池回收箱"。经过清点发现，他们共回收二百四十多块废旧电池（见图5-25）。

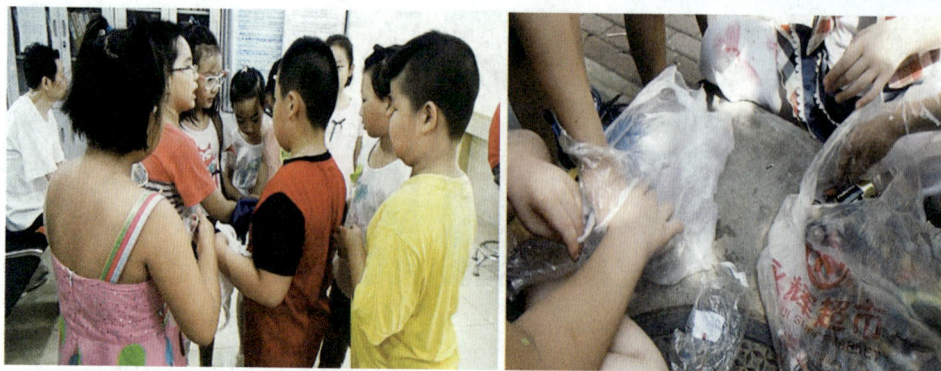

图5-25　第一小组成员在整理清点回收来的废旧电池

　　有的小组成员在回收过程中，还做了详细记录，详细地记录了在每单元每户回收的废旧电池数量（见图5-26）。

　　2013年7月，在北京的炎炎夏日，第一小组成员们经过了两个小时的辛苦回收，获得了丰硕的成果。

图5-26　李涵璐的废旧电池回收记录

尽管他们在回收过程中，也遇到了一些让他们始料不及的问题，如有的居民干脆不开门，有的居民态度不友好等，但看到经过自己的努力取得的成果之后，他们心中还是充满了喜悦（见图5-27）。

图5-27　收获后的喜悦

回收完废旧电池之后，他们又开始思索如何处理这些废旧电池：

咱们什么时间去回收站呢？

不用，咱们直接去居委会！

什么，咱们还得捡呢！

由此可以看到，第一小组成员们经过这次废旧电池的回收活动，不仅对电池的种类和危害有了更为深刻的认识，而且引发了他们对废旧电池回收利用的思考。

2. 第三小组活动计划的实施

2013年7月17日上午，第三小组成员按照自己活动计划的时间和内容来到了居民小区，具体落实他们小组的活动计划。第三小组的活动主题是"节约资源，保护环境"。根据这个主题，他们在小区内当起了环境小卫士，捡拾垃圾。在活动计划实施中，社区居委会给他们准备并发放了捡拾垃圾所需的塑料袋和夹子。小组成员在领完所需的物品之后，来到了他们居住的小区，开始活动计划的实施。

在活动开始前，第三小组组长带领全体小组成员来到了小区内（见图5-28）。为了能够很好地落实小组的活动计划，小组长又重申了小组活动规范，强调大家一定要遵守活动纪律，严格按照小组活动计划实施；同时又强调了活动时

图5-28　第三小组在行动

间，活动早上九点开始、十点结束，然后回到原来地点集合，进行活动总结。

小组长在妥帖地安排了活动时间后，为了活动计划的顺利落实，小组成员又分为三个小分队，分别负责不同区域的垃圾捡拾。之后，各个小分队就分头开始了小组活动（见图5-29）。

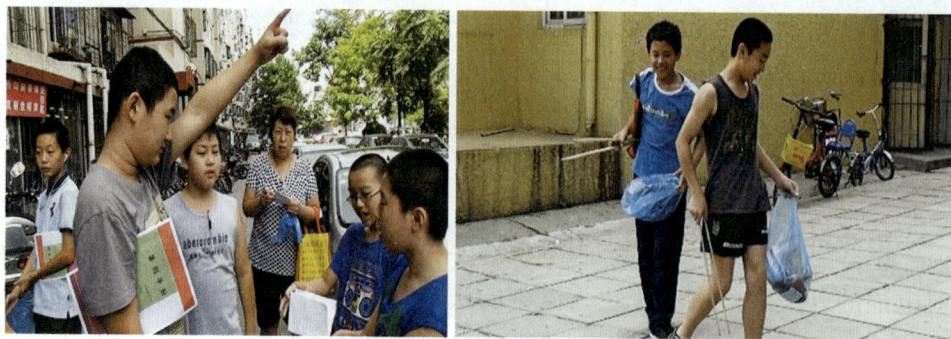

图5-29　第三小组成员在分组行动

大概十点十分左右，各小组的成员都来到指定的集合地点，大家围坐在一起对这些活动进行分享、总结。

三、活动反思与总结

在全部活动实施之后，参加小组活动的成员和家长对活动进行了反思与总结。

（一）小组成员的反思与总结

通过这次活动，第一小组的小组成员们不仅学到了有关废旧电池的知识，知道了环保的重要性，而且体味到了快乐与收获的喜悦。更重要的是，通过这次活动，他们锻炼了胆量，学会了和陌生人接触、打交道，提高了自信心、沟通能力和社会责任感。相信每个小成员的能力都得到了一定程度的锻炼和提升。

通过这种形式的活动，我们学到了很多知识，不只是好玩，而是好玩中有意义！

——恩英焕、贺远鹏

通过这次活动，我们知道了环保的重要，知道了电池会损坏土地。

——黄阳

一块电池会损坏很多的地方。学校也进行过有关电池危害的一些讲解，所以我们知道了电池的危害。电池腐烂以后会使小草受到严重损害。我们以后在生活中还会继续回收电池。

——唐睿

我们一共回收了这么多块废旧电池，感觉很有成就感，挨家挨户地收集有点不太容易。

感觉还是很光荣的，觉得自己还是能够管理好组里的成员。我觉得昨天我和白梦坤带领大家写的活动计划还是很成功的。以后有可能的话，时间还需要调整一下。今天挨家挨户地收电池感觉很有成就感。

觉得还是挺好玩的，尽管病了，我还是坚持。

昨天那些热身游戏我以前没有做过。它对我们相互认识和合作很有帮助，因为能了解各自的名字，还有喜好什么的，能帮助我们相互了解、熟悉。

——张涵博

（二）家长的反思与总结

家长们普遍认为开展这类公益实践活动对孩子的健康成长很有教育意义，对活动表示了极大的认可，但也对此次活动提出了一些宝贵的建议和希望。例如，希望这种活动由学校的辅导老师和社区联合开展，如果这样的话，活动效果应该会更好，因为辅导老师了解这些学生，而社区工作者不一定了解他们。同时，家长也希望能够利用孩子的空闲时间多举办这样的活动。

孩子参加这样的活动，有很大的教育意义，从小知道环保知识，对地球、对我们人类都有好处。

我也是非常积极参加社区活动的一位，前几天，在活动没有举行之前，我就组织他们捡垃圾了。

学雷锋期间，我把雷锋的宣传画拿过来，给他们讲一讲雷锋的故事，让他们从一点一滴做起！唐睿是北京市学雷锋文明小天使。

——唐睿奶奶

我也是一个志愿者，最近也参加过这样的活动。这个假期搞这个活动还是有利于孩子健康发展的，是有一定好处的。我发现参加活动的孩子很大胆，特别是组长。我觉得孩子们的语言组织能力都是可以的，讲话发言都还是不错的，搞这个活动还是很锻炼他们。

这个活动如果有学校老师参加，如大队辅导员也参与这个活动，相信效果要更好一些，这样也能掌握学生在课外假期的活动情况。这个活动开展得很不错。我原来在区教委也是领导，退下来之后，也组织过这些活动，但我组织得没有这么好，小孩的发言也没有这么大胆，这活动很好，很好！学校和社区一起搞，效果会更好。学校对学生熟悉，居委会不一定对学生熟悉，这样可以取长补短。这次活动搞得很不错，居委会这些人员也是很负责的，他们的工作能力还是可以的。

这个活动组织得很不错，孩子们在自己选组长呢，选一些小代表，自己制订计划，自己上台来讲，始终都是自己在搞，这个活动搞得很好！

希望有时间的话多举办这样的活动，丰富孩子们各方面的知识和能力。

——刘垚奶奶

（三）社区工作者的建议

尽管这次活动是以青少年为中心，培养并提升他们公益能力的一次尝试，但总体上来讲，从计划到实施是比较成功的，同时我们在活动的过程中也发现了一些现实性的问题，并因此提出相应的建议。

1．增加场地等硬件设施

虽然当前社区建设和社区教育工作都得到了一定程度的重视，但社区依然缺乏青少年的活动场地，比如一个可以容纳二三十个青少年一块儿活动的场地是较难具有的。因此，希望有关部门能够考虑社区青少年活动场地，活动设备等的增设。

2．增加活动资金

社区工作虽有专门的活动资金，但活动资金有限。同时，资金的申请过程较需要时间，一方面，社区工作人员需要提前规划、审批预算计划并申报；另一方面，上级部门也需要增加相应的活动经费或物资保障，以确保活动能有效开展。

3．增强社区工作者的专业能力

在以青少年为核心的社区公益实践中，社区工作者主要扮演着倡导者、组织者、促进者和资源提供者的角色。无论是哪种角色，都需要具备相应的专业能力，即作为一名社会工作者的专业胜任能力。具体而言，作为倡导者，要具备对社区情境、需求及人群的专业知识及经验，具备沟通、宣传、影响他人的能力；作为组织者，要具备对人、物、财等方面统整、组织和协调的能力；作为促进者，要具备专业的带领能力和正向的影响力；作为资源提供者，要具有发现资源、挖掘资源和运用资源的能力。这些能力的具备，一方面需要进一步的专业学习及应用，另一方面需要在实践中行动、反思、再行动。这是一个日积月累、渐进提升的过程，需要社区工作者意识到并长久实践。

第二节　社区绿色环保表

2013年7月24日，在北京师范大学中国公益教育研究所的社区培训和支持指导下，北京市海淀区西三旗街道永泰东二里社区利用在校青少年放暑假的机会，积极组织社区青少年，开展了一次旨在培养青少年参与意识和社会责任感的、生动有趣的公益实践活动。这次活动是北京师范大学中国公益教育研究所开展的"我行动，我快乐"主题系列活动之一，是一次以社区为主导的公益实践活动。

这次由社区主导的公益实践活动，不同于以学校主导和家庭主导的公益实践活动。在这次活动中，永泰东二里社区发挥着主导作用。这次活动对永泰东二里社区来说，也是一种新的尝试。虽然他们在之前也曾利用寒暑假举办过不少青少年活动，但这次活动的形式完全不同于以往活动。为了成功举办这次活动，永泰东二里社区居委会主任曹莉（见图5-30）、文教工作者姚姿（见图5-31）以及其他工作人员为这次公益实践活动都做了充分准备和精心安排，动员和组织社区青少年，提前安排和布置活动场所，设计活动环节，准备活动所需物资等。正是他们的这种组织和付出，才使得这次公益实践活动能够成功举办和顺利开展。

图5-30　永泰东二里社区居委会
主任曹莉

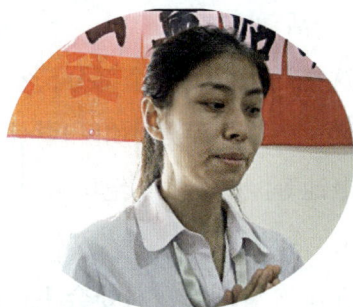

图5-31　永泰东二里社区居委会
文教工作者姚姿

一、活动准备

永泰东二里社区公益实践活动是社区主导、北京师范大学中国公益教育研究所协助的公益实践活动。活动的主要参加者是社区的青少年和部分家长，此外还有北京师范大学中国公益教育研究所的部分成员以及大学生志愿者。

对于参加活动的社区青少年来说，他们将面临的也是一种新的活动模式。为了活动的顺利进行，社区文教工作者姚姿等结合参与的社区公益实践活动专业培训和以往的工作经验，做了如下活动前的准备。

（一）征集并确定活动主题

基于本社区的实际情况和居民的需求，结合在校青少年的假期社会实践倡导，社区工作者将这次公益实践活动的主题确定为"绿色环保"。

（二）设计活动计划

参与组织活动的社区工作者经过商讨，形成了如下初步的活动计划框架。

1. 活动主题

活动主题是"绿色环保"。

2. 活动安排

这次活动分为两个部分，室内活动和室外活动。上午进行的全部是室内活动，青少年组建小组和设计活动计划。下午是实践活动计划，如回收废旧电池等。另外，年纪稍微大一点的孩子，会去空巢老人家里进行慰问。

3. 活动分工

在本次活动中，居委会主任曹莉是总负责人，主要负责活动经费的申报与使用、活动计划的确定、参与青少年及家长的招募指导，以及活动整体组织。社区工作人员姚姿主要负责活动计划的设计、参与人员的具体招募、活动计划的具体实施与总结工作。

4. 活动注意事项

一是纪律。没有规矩不成方圆，为了活动能够顺利进行，一定要有纪律，守规范，服从安排。在互动时，相互尊重。

二是安全。在活动时一定要注意自身安全和他人的安全。

二、活动实施

活动实施是公益实践活动中的关键一环。一方面，它可以使参加活动的青少年真正融入和参与到活动中来，并享受活动带来的快乐；另一方面，可以让青少年在活动中灵活实现自己设计的活动计划，在活动中发挥主体性和特长，实现在活动中能力和社会责任感的提升。活动实施阶段分为以下几个环节。

（一）活动小组建立

1. 自我介绍

首先，活动中的每个人在签到的时候，都领到了一张纸条，上面写着自己的名字，并贴在自己的身上，如"我叫姚姿，我来自永泰东二里社区居委会"。接着，请参加的青少年做一下自我介绍（见图5-32）。

图5-32　在做自我介绍

大家好，我叫……我来自……

我叫刘雨赢，我来自永泰小学。

……

2．活动分组

为了能够顺利地开展活动，需要对参加活动的青少年进行分组。活动的分组是由大学生志愿者洪峰（见图5-33）通过有趣的"我来点菜，你来做"的游戏进行。洪峰是一位来自中国青年政治学院社会工作学院的热衷于公益实践活动的大学生志愿者，主要协助社区工作者姚姿完成这次活动。

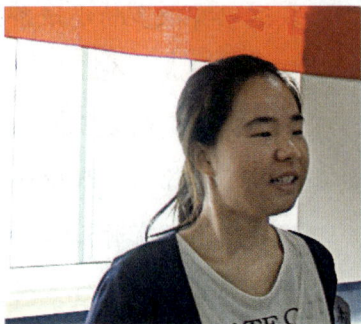

图5-33　大学生志愿者洪峰

我叫洪峰！今天很高兴和大家一起度过这个令人愉快的上午。接下来的活动，我希望大家能够保持好奇心，体验一种新的活动形式。

现在我和大家一起做一个游戏——"我来点菜，你来做"。今天我想点两道菜，一道叫地三鲜，一道叫鱼香肉丝。

有没有同学告诉我，地三鲜是由哪些材料做成的？

地三鲜需要胡萝卜、黄瓜和肉丝！

有没有不一样意见的？

我知道两个，一个是茄子，另一个是土豆。

嗯，回答了两个，地三鲜是由三个材料做成的，是茄子、土豆，还有

青椒，戚嘉宁同学，你记住了吗？

另外一道菜是鱼香肉丝。有谁告诉我，鱼香肉丝是用哪些材料做成的？

鱼香肉丝是用肉、甜酱、青椒炒成的！

应该是肉、青椒、胡萝卜，还有木耳。

也许这两道菜，每一家的做法不一样。今天这两道菜我选择的是哪些材料呢？地三鲜我选的是茄子、土豆，还有青椒；鱼香肉丝，我也选了三种材料，是肉丝、胡萝卜和竹笋。因为昨天中午我就吃到了用竹笋和其他材料做成的鱼香肉丝。

我再重复一下，今天活动中的地三鲜里有茄子、土豆和青椒，鱼香肉丝里有肉丝、胡萝卜和竹笋。大家记住了吗？

我这里有很多的小纸条，希望大家每人抽一张，抽完之后你要找自己的伙伴一起组成一个小组。

如果你抽到的是土豆，那你就是地三鲜小组的，你就要找地三鲜小组的小伙伴了。你需要找哪些小伙伴呢？

找茄子，还有青椒。

那如果抽到的是竹笋呢？

找肉丝、胡萝卜。

刚刚大家已经清楚了，那现在咱们一个一个来抽纸条（见图5-34），每人一个！

青少年们拿到纸条后，非常兴奋，急忙打开纸条，"哦，我是胡萝卜""我是青椒"……他们在急切地寻找着自己的小伙伴。

图5-34　在游戏中分组

大家手里每人都拿到一张纸条了，那现在就需要找你的小伙伴了，怎么找呢？

我们这个屋子比较小，如果每个人都活动起来的话，会非常拥挤。我

是这么想的，大家全部先站起来，然后地三鲜小组的走到右边坐下，鱼香肉丝小组的走到左边坐下。

很快，两个小组形成了，一个是地三鲜小组（见图5-35），一个是鱼香肉丝小组（见图5-36）。待小组形成之后，就开始了分小组活动。每个小组分别有一个指导人员带队，指导青少年们开展活动。地三鲜小组由社会工作专业大学生洪峰指导开展活动，鱼香肉丝小组由社区文教工作者姚姿负责指导开展活动。

图5-35　地三鲜小组在活动　　　　图5-36　鱼香肉丝小组在活动

地三鲜小组有12个人，有3个初中生、9个小学生。他们在指导人员的带领下，围成一个圆圈坐下，并且可以相互看到。同时，鱼香肉丝小组的活动在同步进行。

3. 小组成员相识活动——名字串烧

参加这次公益实践活动的青少年虽然居住在同一个社区，但相互都不太熟悉，有的干脆一个也不认识。开展"名字串烧"的游戏活动，主要是让每个参加者彼此相互认识，便于以后活动有效顺利地进行。

这个游戏的名字叫作"名字串烧"，以前有没有人玩过这个游戏？

没有！

就是我说完了，第二个人重复我的，再说他自己的，第三个人重复我俩的，再说他自己的（见图5-37）……

哦，你明白这个意思了！那你给大家讲讲怎么样？

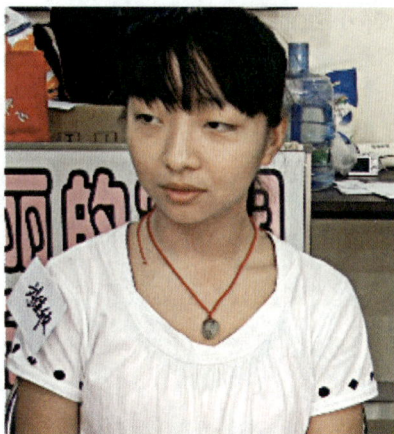

图5-37 刘佳欣在给小伙伴介绍
"名字串烧"游戏

（刘佳欣说）就是轮流递进说名字，我说我的名字；第二个人就要重复我的名字，再说他自己的名字；第三个人要说我的名字，还要说第二个人的名字，之后再说他自己的名字；到最后，第十二个人要把所有人名字都说出来。

在大家全部明白了"名字串烧"游戏的规则之后，小组成员们便愉快地开始了这一游戏（见图5-38）。

图5-38 小组成员在进行"名字串烧"游戏

（1）自报名字

因为大家互相不认识，所以咱们每个小组成员先报出自己的名字，从刘佳欣开始。

我叫刘佳欣。我叫汤欣甜。我叫李憬晰。我叫高帅……

（2）从左边开始串烧

我是刘佳欣。我是刘佳欣右边的汤欣甜。我是刘佳欣右边的、汤欣甜右边的李憬晰。我是刘佳欣右边的、汤欣甜右边的、李憬晰右边的高帅……

（3）说个人爱好

我是喜欢素描的曹震，我的爱好还有打游戏。我是爱看书的邵馨妍。我是爱阅读的白璐瑶。我是爱画画的陈萌……

（4）从右边开始串烧

在这一轮要加上大家的爱好进行串烧，如果记不住，可以询问一下对方的爱好，再继续说。这次咱们从曹震开始，因为刚才他是最后一个说的，他说得最多，大家愿意不愿意？

愿意！

我是喜欢素描的曹震。我是爱素描的曹震左边的爱游泳的张乐漾。我是爱素描的曹震左边的、爱游泳的张乐漾左边的爱画画的周欣……

我们每个人给自己一点掌声好不好？因为真的很不容易呀！

我刚才也发现了一个情况，就是因为人很多，对方的名字没记住或者没看清楚，有念错的时候。没关系，因为我们每个人的名字都很特别，都有自己的内涵，所以对方可能不了解。当我们不认识或者看不清对方的名字的时候，我们可以请他大声地说出自己的名字。

4. 小组活动规范和活动计划制订

永泰东二里社区为了青少年能够顺利开展活动，事先印制好了"活动规范"表以及"活动计划"表，还有"活动评估问卷"等，还准备了活动中所需的彩笔以及纸张等，以方便活动的开展。

小组活动规范是小组成员经过集体沟通、讨论以后，形成的大家共同认可的、小组内部的行为方式和规则，帮助小组有序、顺利地实施计划开展活动。主要内容包括以下几个方面（见图5-39）：小组名称、口号、组长、组员、小组亮相姿势、小组活动规范等。

小组活动计划主要包括两项内容：一是小组成员分工表，二是总体活动安排（见图5-40）。具体来看，小组成员分工表包括以下内容：组名、组长、宣传员、文秘、大管家、组员等。在小组分工表的下方，还特意做了提醒：每个人都是小组的一分子，大家齐心协力，团结一致，就会形成

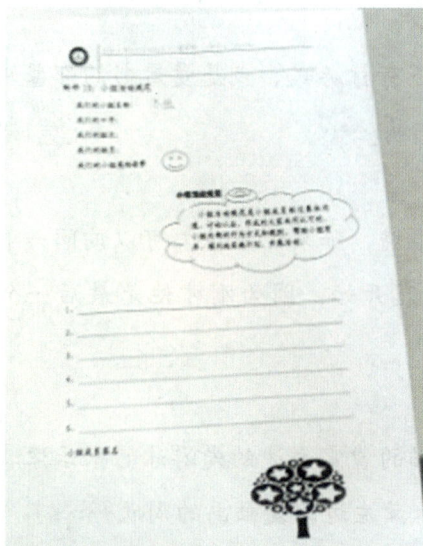

图5-39　小组活动规范

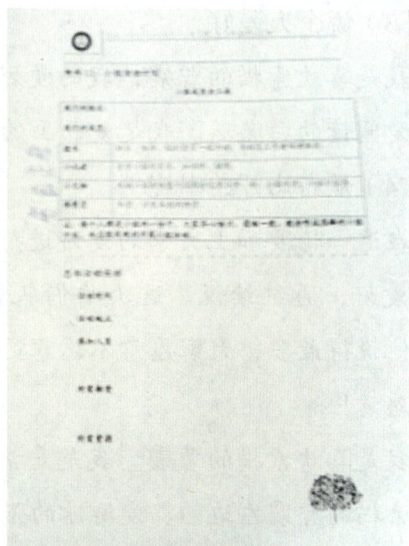

图5-40　小组活动计划

很棒的小组计划，就能有效地开展小组活动。

总体活动安排包括以下内容：活动时间、活动地点、参加人员、所需物资、所需资源等。

大家都看到了，我这有白纸，还有彩笔以及小组活动规范表。在下面45分钟的时间内需要大家完成三件事情：

第一件事就是要在小组12个人中间，选出一个组长、一个宣传员、一个文秘，还有一个大管家。

第二件事情就是，因为大家是一个小组，是一个团队，是一个家，请大家给这个组、这个团队、这个家取一个名字，然后再取一个口号。

第三件事就是，为这个团队制订一个活动规范和活动计划。

下面咱们一步一步开始。

（1）小组成员分工

①推选组长

地三鲜小组在选组长的时候，表现得不是很积极，以至于在一段时间内处于沉默阶段。随着时间一分一秒地流逝，尽管指导老师一再进行动员和鼓励，但就是没人积极主动地承担组长职务。在这样的情况下，一直在旁边观察活动的社区工作人员主动提出了组长人选，经过本人的同意和小组的认可，才最终确定了地三鲜小组的组长。

组长的责任就是组织协调整个团队，活动中难免会产生一些分歧，组长的任务之一就是要调解这个组的矛盾和分歧。因为我们这个组有大孩子嘛，就尽量让大孩子当组长，这也是锻炼你们的一个好机会。虽然你们在班里也担任组长或班干部之类的职务，但在这个团队里不一样，没有那么多条条框框，我们就是为了把这个活动办好，做一个活动宣传海报。最后，和另外一个组共同进行展示。所以，大家不要拘泥说，我是班长，我是组长等，在这里大家一起把事情做好就行。希望大家踊跃一点！

简单地说，组长就是负责协调、组织和联络，要对组员负责任，你们谁愿意来，请举手！

有意愿的可以说说你为什么要当组长，做一个一分钟的竞选演说。

在选组长的时候，大家一开始都不太积极主动，指导老师在旁边一直动员和鼓励他们积极踊跃一点。

我们这个活动是娱乐性的、公益性的活动，希望大家能够担起这个责任。

在大家都不积极主动的情况下，社区工作人员说："曹震，你最大，你举手吧！"

好！

你们同意吗？

同意！

有没有想和他一起竞选的，有的话就说"我来当！"

没有不同意见的话，我们就通过了！

大家欢迎一下！

需要向大家说明一下，这个组长是不能强迫去当的。虽然曹震因为年龄稍微大一些而被推选为组长，但我们还是希望曹震能够告诉大家"我愿

意当组长!"

好!我愿意当组长!(见图5-41)

好,这是他自愿的,不是我们强迫的。

② 推选宣传员

宣传员的选举相比组长的选举来说,还是比较顺利的,其中有一个小组成员自告奋勇地当上了宣传员。

下面咱们还要选出宣传员,宣传员就是负责宣传和拍照的。

那么,谁想当宣传员呢?

哦,那只有一个同学,就是高帅(见图5-42),他自告奋勇!

你告诉我,当宣传员是要负责什么工作的?

在大家活动的时候给大家拍照;和第二组一起去展示的时候,也要给大家拍照。

那么,拍照需要相机和手机这些硬件设施,你带了吗?

那你可以向你的组员求助!因为大家是一个集体。

哦,我们组长已经给你提供物资了。

那组长可以与高帅协商一下,如何去拍照,如何进行宣传等。

图5-41 地三鲜小组组长曹震

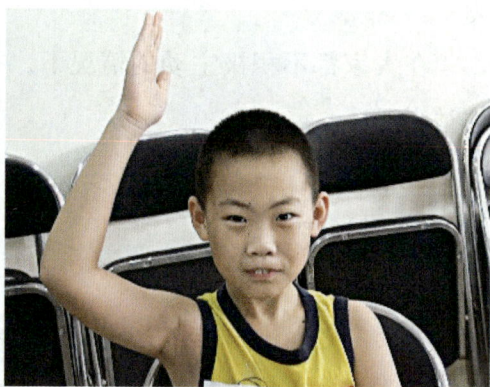

图5-42 高帅在竞选宣传员

③ 推选文秘

文秘的选举又遇到了麻烦。不知是文秘的工作让小组成员心里有负担，还是其他什么原因，总之，大家一度表现得比较沉默。这时，负责该小组的指导人员主动提议让年龄稍微大一点的孩子当小组文秘。

接下来就是选文秘。文秘可能比较辛苦，因为在我们接下来的活动中，有很多东西需要文秘去记录，如记录小组讨论中每个人不同的观点等。由于文秘比较辛苦，所以我希望在文秘方面设置两个职务，一个是文秘，一个是文秘助理。刚才大家做了自我介绍，我们知道大家有爱素描的、有爱画画的等，这非常好。因为我们要制作的海报，有需要画出来的东西，所以我希望会画画的同学、字写得漂亮的同学踊跃地报名，担任这个职务。

谁愿意当文秘？

谁的字写得比较快？

文秘需要在海报上写上你们组的组名、口号以及组员的名字等，然后还要画画，这些工作需要由文秘来牵头。另外，我们组的规范，都会由文秘把大家讨论的意见组织起来，呈现在海报上。这都是文秘要做的事情，谁愿意？

刚才听大家在做自我介绍的时候，我听到有三四个人都说会画画！那么，谁愿意呢？

字写得好看与不好看都没有关系，因为文秘主要负责把小组的活动记录下来。而我们活动也是有时间限制的，所以写字一定要快一些！

你看，她的字写得挺漂亮的，你们说呢？就让她来吧，张乐濛！

那我还是当一个助理吧！让她来吧！

我觉得你的字写得很好看，你来吧，你找一个助理吧！

好艰难呢！

周欣和张乐濛（见图5-43），我

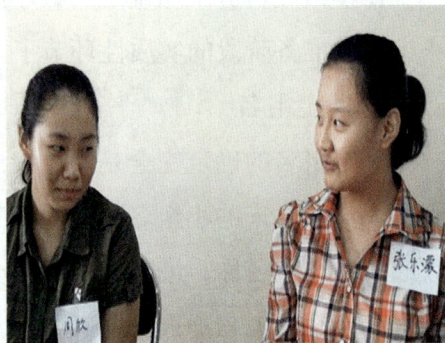

图5-43　小组文秘周欣和助理张乐濛

看你们俩一直在讨论，那你们两个一起来完成这个工作可以吗？

可以！

④ 推选大管家

大管家的选举和文秘的选举过程基本是类似的，依然由指导老师提名，经本人同意和小组成员认可而确定下来。

大管家的职责就是保护和管理。这里有一些彩笔和纸，下午做活动的时候，可能还需要一些物资。大管家就是要把小组活动需要的一些物资管理好、收拾好、保护好！

请举手呀！

闻子涵（见图5-44），你愿意吗？

愿意！

既然咱们小组的组长、宣传员、文秘以及大管家都选出来了，那么咱们小组的小领导者对自己的角色做一个自我陈述。

我是曹震，我是组长。

我是张乐濛，我是周欣的助理！

我是高帅，我是一个宣传员。

我是闻子涵，我是大管家。

图5-44　小组大管家闻子涵

（2）团队组建

在小组成员分工明确之后，小组团队的建设正式开始了。下面就进入小组活动准备阶段的实质性环节了。

① 确定组名

小组组名的确定完全是由小组成员讨论，由小组文秘汇总，对每一个小组成员提出来的小组名称，一个一个地进行举手表决之后确定。获得票数最多的小组名称，最终被确定为小组的组名。

组长带领大家一起讨论组名，我们今天活动的主题是"环保"。文秘和文秘助理现在可以记录，我们这有彩笔和纸张，你们可以把小组成员的不同意见记录下来！

陈萌（见图5-45）：我想的名字是"十二生肖"，刚好是十二个人嘛！

希望大家勇敢地说出来，说错了，也没有关系！

曹震："绿心间"，我根据现场的那幅图片想出来的。

高帅：我们有十二个人，主题又是环保，应该是"十二生肖环保"。

大家在讨论之后，文秘助理张乐濛向大家作总结（见图5-46）：

图5-45　陈萌在发言

图5-46　文秘助理在对小组讨论做总结

小组讨论的组名有：环保小队、绿荫小队、十二生肖小队、绿心间小队、十二生肖环保队。

大家在这些名字中选一个！

刘佳欣：绿荫小队。

曹震：环保小队。

举手表决：大家同意"环保小队"的，请举手！

没人举手。

大家同意"绿荫小队"的，请举手！

有7人举手。

同意"十二生肖小队"的，请举手！

没人举手。

同意"绿心间小队"的，请举手！

有2人举手。

经过小组讨论和举手表决，下面由文秘宣布表决结果。

小组的组名就叫"绿荫小队"。

② 确定小组口号

小组口号的确定也是小组成员集思广益、共同讨论的结果。

下面还需要制定出咱们小组的口号，因为下午活动时需要喊出咱们小组的口号。口号应该是与我们的组名有关系的。

我希望我们这组在保证质量的前提下，提高一下效率。

陈萌：口号是"不求回报"。

曹震：保护环境，绿在心间！

大家同意组长的这个口号吗？

同意！

那我们的口号就是"保护环境，绿在心间"。

③ 小组亮相展示

小组十二个人一起上台，亮相展示。

根据我们的口号"保护环境，绿在心间"，我们的手势就是用手比画一个"心"的形状（见图5-47）。

图5-47　组长在展示亮相手势

（3）小组共同活动

在地三鲜小组讨论小组活动规范和活动计划的同时，鱼香肉丝小组也在热烈地讨论着他们的小组活动规范和活动计划（见图5-48）。

另外，在组长的指导下，小组内爱好画画的组员，在组长的布局分工下，每个人负责一块，开始了小组活动海报的制作。

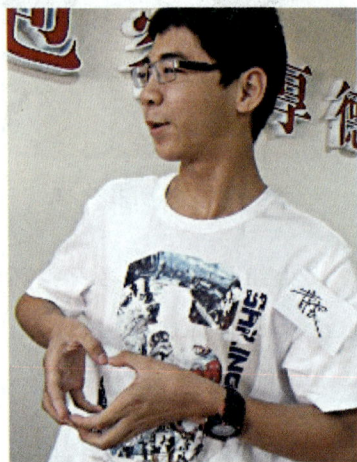

图5-48　鱼香肉丝小组成员在热烈讨论

由于活动场地和活动条件的限制，小组成员把纸铺在地上进行海报的制作（见图5-49）。由于时间的关系，地三鲜小组分为两个部分，一部分爱好画画的同学在组长的带领下制作小组计划海报，另一部分同学在文秘的带领下制作小组的活动规范。

图5-49　地三鲜小组成员在制作
小组活动计划海报

活动规范是我们小组所有成员共同商议好后必须共同遵守的，就像小学生守则一样，如不能迟到呀，大家相互尊重等。

我希望大家把自己心里的想法说出来，因为我们是一个团队，我们要一起把我们团队的工作做好！

汤欣甜：环保必须从自身做起，自身要先行动起来。

陈萌：活动没有结束之前，大家都不能回家，要一起把环保活动完成。

刘佳欣：我们组有十二个人，年龄都不大，希望大家不要走散了。

白璐瑶：如果有事要离开，要向社区工作人员请示。

社区工作者：每个人都要积极发言，说出自己的想法。

在地三鲜小组的成员忙着制作小组计划海报的同时，鱼香肉丝小组的成员，有的忙着记录，有的忙着画画，他们共同协作，发挥自己的特长，一起来完成小组活动计划海报的制作（见图5-50）。

图5-50　鱼香肉丝小组成员在制作小组计划海报

（二）小组集体展示

在每个小组的活动规范和活动计划海报制订出来之后，小组进行了集体展示。

1. 地三鲜小组展示

地三鲜小组在组长曹震的带领下，经过小组的认真讨论和集思广益，在规定的时间内也制订出了自己小组的活动规范和活动计划，并在小组成员集体的力量下完成了蕴含"低碳环保"意义的宣传海报。

（1）地三鲜小组展示及活动规范

在展示环节，地三鲜小组主要由小组成员刘佳欣负责介绍（见图5-51）。她还和小组其他成员一起展示海报。

我们是绿荫小队。之所以选择这个组名，主要是"绿荫"这个词比较有诗意，又体现了绿色环保的理念。

大家看我们这幅图（见图5-52），其中有我们的口号："保护环境，绿在心间。"我们觉得，保护环境应该从我们自身做起；我们心中要知道，保护环境是我们每一个人的责任。

图5-51　地三鲜小组刘佳欣在介绍　　　图5-52　地三鲜小组在展示

组名：绿荫小队

口号：保护环境，绿在心间

组长：曹震

组员：刘佳欣、高帅、白璐瑶、汤欣甜、李憬晰、闻子涵、陈萌、周欣、张乐濛

小组亮相姿势：用手比画出心形，放在胸前（见图5-52）

小组活动规范：

第一，不能口头说，要实际行动。

第二，不到时间，不能自行离开。

第三，组员不能来，要向组长请假。

第四，要合理安排、分工。

大家再看我们这幅海报，有一个小孩在骑自行车。我们要表达的意思就是，现在北京市车辆很多，空气也很不好，我们希望大家多环保，低碳出行。骑自行车或走路的话对北京的环境或者说对城市的环境有好处。不知大家有没有听说过，开个玩笑说，自行车是全景天窗，还是无级变速的。

下面，我们大家一起展示一下我们的口号：保护环境，绿在心间（见图5-53）。

（2）地三鲜小组活动计划

活动计划名称：

保护环境，绿色出行

活动目标和意义：

总目标：增强社区居民保护环境的意识，倡导绿色出行。

分目标：第一，通过宣传绿色出行，增强社区居民的环保意识和行为。

第二，通过小组行动，做到环保倡导和绿色出行。

活动时间和地点：

活动时间：2013年7月30日

活动地点：社区小广场

图5-53　地三鲜小组制作的海报

活动步骤：

① 活动准备

第一，活动主题：保护环境，绿色出行。

第二，内容与形式。内容：向社区居民宣传绿色环保的重要性和绿色出行；小组成员践行绿色出行。形式：口头宣传、绿色出行海报宣传、小组成员绿色出行行动。

第三，需要的资源。社区居委会提供活动场地、宣传用纸及橱窗、彩笔、小喇叭等。

② 活动实施

第一，活动的具体步骤。首先，根据组员分工，通过查阅书籍或网络搜索，准备社区环保和绿色出行的宣传资料。其次，汇集组员查阅的各类资料，小组共同设计"绿色环保和绿色出行"主题的宣传海报。再次，在社区居民活动较集中的地方，进行社区绿色环保和绿色出行的口头宣传，并将海报张贴在合适的宣传地点，如宣传橱窗等。最后，小组成员设计伙伴及个人绿色出行计划，并倡导自己的家长每周一次绿色上班出行。

第二，活动注意事项。包括：小组成员依照活动计划和小组活动规范行动。从活动准备到实施，小组成员的行为要体现出绿色环保和绿色出

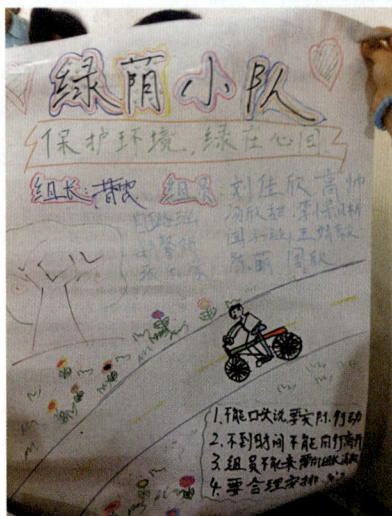

行。活动中注意与他人礼貌的沟通，特别注意个人出行中的人身安全。通过图片或照片记录小组成员的绿色出行行动。

③活动总结

第一，总结的内容。可以包括对活动准备、活动实施中具体细节的总结，对活动成果与收获的总结以及对活动中经验和不足的总结。

第二，总结的方式。可以通过口头分享、文字表达、图片呈现、图文并茂、书面总结等形式进行总结。

2.鱼香肉丝小组展示

鱼香肉丝小组在帅气的小组长戚嘉宁的带领下，经过小组的讨论，完满地完成了小组活动规范和小组活动计划的制订，并在短时间内发挥集体的力量制作出了漂亮的小组计划海报。

（1）鱼香肉丝小组展示及活动规范（见图5-54）

图5-54 鱼香肉丝小组活动规范

组名：绿色环保小组

口号：绿色环保，从我做起

组长：戚嘉宁

宣传员：张乃文

文秘：刘丽赢

大管家：段博文

组员：刘诗怡、陈红、杨思远、段星宇、张潇冉、刘嘉怡

小组亮相姿势：握拳高举（见图5-55）

小组活动规范：

第一，互相尊重，不吵架。

第二，好好工作。

第三，守时。

第四，节约用水。

第五，尊重宣传员。

第六，注意安全。

第七，小组成员签名。

（2）鱼香肉丝小组活动计划

活动计划名称：

绿色环保，从我做起

图5-55　鱼香肉丝小组在展示

活动目标和意义：

总目标：增强社区居民的环保意识和环保行动。

分目标：①通过社区宣传，让社区居民具有更强的环保意识。

②通过小组行动，做到环保倡导和社区卫生环境维护。

活动时间和地点：

活动时间：2013年7月28日

活动地点：社区小广场和社区卫生死角

活动步骤：

① 活动准备

第一，活动主题：绿色环保，从我做起。

第二，活动内容与形式。内容：向社区居民宣传绿色环保的重要性和如何行动；清洁社区，特别是社区的卫生死角。形式：口头宣传、绿色海报宣传、保护环境卫生警示、小组清洁社区行动。

第三，需要的资源。社区居委会提供活动场地、宣传用纸、彩笔、小喇叭和清洁卫生的工具等。

② 活动实施

第一，活动的具体步骤。包括：根据组员分工，通过分头查阅书籍或网络搜索，准备各类社区环保宣传资料和保护环境卫生警示牌的内容；汇集组员查阅的各类资料，小组共同设计"绿色环保"主题的宣传海报和保护环境卫生的警示牌；在社区居民活动较集中的地方，进行社区环保的口头宣传，并将海报张贴在合适的地点；小组集体行动，清洁社区

的卫生死角，并张贴保护环境卫生的警示牌。

第二，活动注意事项。包括：小组成员依照活动计划和小组活动规范行动；从活动准备到实施，小组成员的行为要体现出绿色环保；活动中注意与他人的沟通，注意个人安全。

③ 活动总结

第一，总结的内容。可以包括对活动准备、活动实施中具体细节的总结、对活动成果与收获的总结以及对活动中不足等的总结。

第二，总结的方式。可以通过口头分享、书面总结、图片呈现、图文并茂等形式进行总结。

在地三鲜小组和鱼香肉丝小组展示完之后，本次活动的主办方代表社区工作者姚姿对活动做了小结：

谢谢大家，在咱们今天上午的小组共建活动中，我看到大家的参与、投入度越来越高，大家的环保意识和社会责任感是我印象深刻的。同时，我也看到小组成员在不断交流中合作，共同形成小组的活动规范和小组计划。希望大家在下午的活动中再接再厉。下午活动是两点半开始。活动内容一个是回收废旧电池，下午咱们来的时候，看一看家里有没有废旧电池，带来进行回收；另外一个活动是大家自愿，去空巢老人家里进行慰问。

咱们小组的活动规范也说了，大家下午一定要守时。另外，需要注意的是，下午到老人家里，注意不要大声喧哗，不要吵到老人。因为一般老人们怕吵，咱们本身是好意，去看望老人，别让老人感到闹心了。

现在大家可以回家了，注意安全，结伴回去。

（三）社区主题活动开展

1. 废旧电池回收

因为上午社区工作者已经布置了下午的其中一项活动任务——回收废旧电池，同时也请大家在下午来的时候，顺便把家里的废旧电池带来

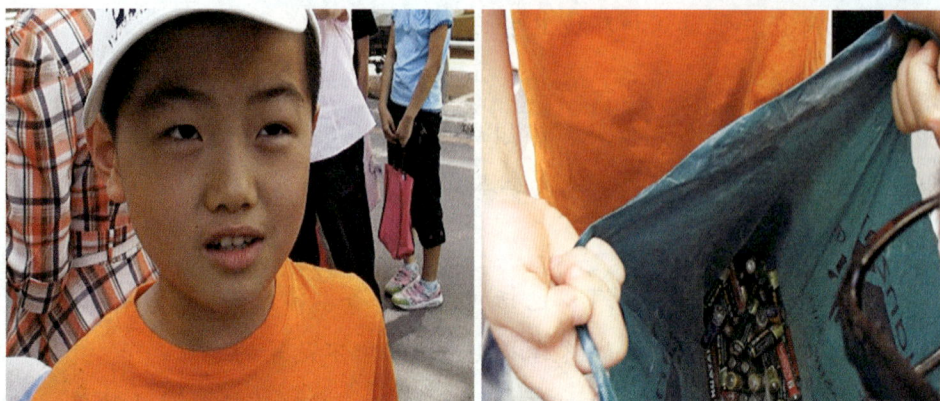

图5-56　张乃文和他挨家挨户回收的废旧电池

集中回收。因此，下午参加活动的青少年都把家里的废旧电池带来了。其中，特别值得一提的是张乃文（见图5-56），在下午带来了许多废旧电池。据他妈妈讲，由于太重，这只是其中的一小部分，家里回收的还有很多。张乃文利用节假日一直在小区内回收废旧电池，基本每个周六日都在义务挨家挨户回收废旧电池。因此，张乃文下午来的时候带来了许多的废旧电池。

参加废旧电池回收活动的青少年主要是鱼香肉丝组的成员们。不一会儿，他们就收集到了许多废旧电池（见图5-57）。之后，他们带着收获的成果，站在"保护环境，低碳生活"的宣传牌前面进行社区里的宣传并集体合影（见图5-58）。

2. 慰问空巢老人

在废旧电池回收后，第二组中年龄稍大的几个青少年在社区工作者姚

图5-57　孩子们和他们回收的废旧电池

图5-58 永泰东二里青少年暑期活动人员合影

姿的带领下去社区空巢老人家中进行慰问。之前社区工作者姚姿提前与老人商议约定,已经获得了老人的同意。在去老人家中慰问的路上(见图5-59),姚姿向参加慰问的青少年介绍了所要慰问老人的简

图5-59 孩子们在去社区老人家里的路上

单情况,并告知他们在慰问老人时需要注意的一些事项等。之后,他们便很快地来到了一位老人的家中。一番寒暄之后,慰问的青少年坐下来又是和老人聊天,又是为老人唱歌;老人因为他们的到来也非常的开心(见图5-60)!

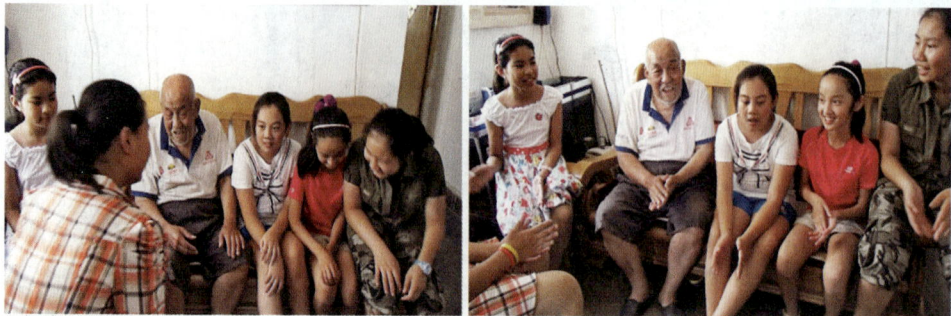

图5-60　孩子们在慰问社区空巢老人

这是一个社区的老党员，今年85岁了。

这个社区是一个老旧小区，老人比较多。他们都在这住了几十年了，有的是拆迁过来的。春节的时候我们搞过这种活动，去过别的老人家里，就是给老人送福字、贴春联什么的。这几个孩子都挺好的，又是和老人聊天，又是为老人唱歌。

考虑到这位老人的身体状况，慰问小组的成员在关爱和温暖中暂别了老人，并祝福他身体健康、开心快乐。

三、活动总结与反思

公益实践活动中必不可少的一个环节就是活动总结与反思。永泰东二里社区在活动准备和活动实施之后进行了活动总结与反思。可以说，活动反思贯穿于活动的全过程。在整体活动结束之后，社区工作者发给每个参加活动的青少年一张活动评估表，其中包括了青少年参加活动之后的收获与感想等内容（见图5-61）。

图5-61　孩子们在写感受

164

（一）青少年及家长的总结与反思

我很高兴参加这次活动。活动中我们做了游戏，很有趣，很好玩，我也学到了很多东西。我最有感触的就是，我知道了要低碳环保；要团结一些，共同协作，这样才能把事情做好！

——闻子涵

这次活动做得挺好的，我很开心！

——杨思远

我喜欢参加这种活动。这次活动让我很快乐，我希望下次还能参加！

——戚嘉宁

这次活动是大家一起团结来做的，我很开心，希望下次多举办这样的活动。

——张乃文

我感觉这次活动挺好的，既增强了我们的团队协调性，也提高了我们的环保意识。

——刘佳欣

上午的活动形式挺好的，挺活泼的。孩子互动性挺强的，大家都挺积极踊跃的。挺好的，这种形式！

——闻子涵的妈妈

（二）社区工作者的反思

我感受最深的，确实是很开心，虽然说有点累，但也很快乐。虽然我在社区做这个工作有四年了，但是直接进入实践环节，像这样比较专业性地来

考虑，如团队建设呀，做活动计划呀，可能还要准备一些东西，再加上自己确实不是很专业，尤其是第一次带这种活动，有一些小的细节可能没想到，还是考虑不周，好在有洪峰、袁帅等老师帮忙，但真的没想到竟然把这次活动给做下来了。我对自己还是有点儿满意，可能我负责的那个小组的孩子们年龄都比较靠近，他们对这个小区也比较熟悉。孩子们嘛，你一激发他们，就会争先恐后地去做，时间把控上也挺好的。这种活动确实挺好的，因为我询问了一些家长，家长也觉得这种活动对孩子的语言沟通与人际交流能力的提升确实有好处。因为能看出来，好多孩子的性格是完全不一样的，就是你对他说话的时候，有的孩子头低着，不敢看你的眼睛；有的小孩就拉着你，老师、阿姨地叫着跟你说话。我觉得这样的形式，确实有助于应试教育转成现在所说的素质教育。最后，希望今后能得到更多专家和老师的帮助，希望活动越办越好。活动中孩子们有不明白的地方，我们就尽量去沟通；需要我们帮助的，我们就尽量去做好所有的准备工作。而且，我们这个场地、经费确实是有问题。从参加活动青少年和家长的招募情况来看，比我想象的要好。最后，还是希望自己在活动中越做越好！

——姚姿

（三）社会工作专业大学生志愿者的反思

第一个需要反思的是与居委会的联系，就是一定要把事先需要的物资确认好。昨天和居委会沟通的经验是：居委会那边只是模糊地说这个也齐了，那个也齐了，等到活动开始之前，才发现他们的活动物资准备得很不充分。像彩笔、纸等都有点旧，使用起来不太方便。第二个需要反思的就是带领小组。其中遇到的情况就是小组成员比较沉默。之前在其他活动中也遇到过这种情况，但还是得反思自己对情境评估和带领的能力，反思怎样打破这种沉闷的场面。小组成员们在今天的活动中还是有些羞涩，这种情况下就需要与他们个人进行沟通，沟通之后，他们才愿意表达心中的想法。因为我所带领这组活动的进度比较慢，一部分人在画画，一部分在制定小组活动规范等，于是在活动中，我尝试着与他们每个人沟通。我发现与小组成员建立关系是非常重要的，而且这也是需要时间的。如何让自己变得更有亲和力，是我深思过的。我希望在与他人沟通的亲和力与技能上有所提升。

——洪峰

在活动前，我们跟居委会明确地提出我们需要哪些物资。这样在活动之前，我们就有了充分的准备，不至于活动时没有物资。这一点很重要，也是我们和社区沟通欠缺的地方。第二点就是在活动开始之前，游戏性的活动非常重要。游戏对活动的进行与开展起着一个承前启后的作用，但我们平时在活动中，对于游戏这个环节注重得不多，也是需要我们改进的。在活动中，我们不应该像在学校那样注重时间的把控，社区的孩子年龄差异比较大，性格的差异也比较大，所以在小组建设中，其时间是很难把握的，关键在于让他们融入小组中、活动中，能掌握知识，能学会如何与人相处、怎么尊重他人。还有一点就是，洪峰提出来了，在活动中可能有的青少年会比较沉默，不愿意和别的青少年交流。我觉得小组的建设中会有这么一个阶段，因为小组在预热、融合过程中会出现一个真空阶段，也是高原期吧。这个阶段需要对组长和组员多鼓励，如果这个阶段能度过的话，后面会迎来一个小组积极融合的阶段。所以，在这个阶段，我们要积极地多加关注组员的想法，还有他们的非言语信息，如表情、眼神等。最后我想说的一点就是，活动中还是要多观察、仔细反思，从而给以后的活动提供经验。

今天的活动办得很成功，尤其是居委会主任做了精心准备，活动秩序很好！居委会主任经验丰富，小组建设非常健全，两个组有不同的特点，我也非常满意！希望居委会把整个活动办得井然有序，让大家都有所收获，让大家真正能融入这个团体中，融入这个秩序中，谢谢！

——袁帅

　　孩子们满载着收获与喜悦、辛苦与汗水，终于结束了一天的社会实践活动。为了表示对孩子们活动成绩的肯定，同时为了激励和鼓励孩子们，待他们在学校发放的社会实践表上把活动的内容、形式以及收获等填完之后，社区工作者在上面也盖上了认可他们行动的红印章（见图5-62）。

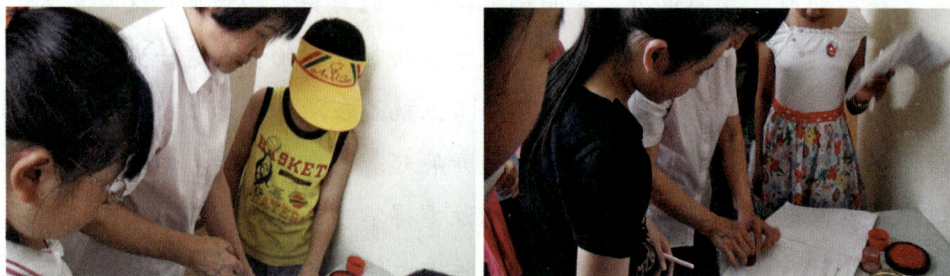

图5-62　社区工作者给孩子们的社会实践表盖印章

第三节　交通安全知多少

一、活动名称

交通安全知多少

二、活动背景和意义

交通环境是影响人们安全的重要因素。尽管每个人都会出行，都会遇到交通安全问题，但并不是每个人都会严格遵守交通规则，个别人甚至对交通规则视而不见。本活动将从青少年和家长两个方面认知交通安全及其重要性，以促进青少年及其家庭成员增强交通安全的意识并积极践行交通安全的行为。

三、活动理念和目标

（一）理念

尊重生命、遵守规则、维护安全。

（二）总目标

强化交通安全意识，保障个体人身安全。

（三）分目标

第一，通过交通安全讲座和知识竞答，提高青少年对交通法规的认识。

第二，通过交通安全的案例分享，强化青少年的安全意识，促进其安全行为。

第三，通过情景剧体验，促进青少年及家长交通安全的知行合一。

四、活动时间和地点

（一）时间

2016年7月16日

（二）地点

社区活动中心

五、活动流程

（一）活动准备

征集与确定活动主题

步骤	内容	方法与形式	所需物资及资料包
1	访问社区居民	随访，入户访问，访问居民微信群或QQ群、社区居民网络论坛，开设居民信箱，举办居民座谈会	大白纸、笔、录音笔 附件1：青少年社区公益实践活动访谈提纲 附件2：青少年社区公益实践活动意见征集表
2	查阅社区资料	查阅以往活动的内容及组织情况等	以往相关的社区活动资料、笔记本、笔 附件3：社区工作者可参考的青少年社区公益实践活动主题
3	结合社区及街道的工作指引	研读政策文件，提取主旨及关键	政府、街道应时的政策文件，笔记本，笔

设计活动计划

步骤	内容	方法与形式	所需物资及资料包
1	明确活动主题及内容	小组研讨、微信群或QQ群讨论	大白纸、电脑、笔记本、笔
2	形成初步的活动计划	1~2人总结，形成初稿	电脑、笔记本、笔 附件5：活动计划模板（参考） 附件6：社区工作者活动分工表（参考） 附件7：社区志愿者资源名录 附件8：社区社会资源名录 附件9：活动应急预案模板 附件10：活动物资预算表（参考）
3	完善活动计划，明确分工	小组研讨	已形成的初步活动计划

操作细节和关键：

活动计划是开展活动的核心和指引，需要花一些时间，参考相关信息，因时因境，讨论确定。设计计划过程中可以参考以下做法。

（1）在前期访问了解到的青少年及其他居民的关于交通安全的认识和需求及相关的政策倡导中找到交集，作为活动主题，活动名称可以参考使用青少年的说法。

（2）以"自身社区特点和资源"为基础，参考或使用资料包中相应的附件，参考或补充资源链接中的信息，然后对活动框架、内容及方式等进行较充分的讨论与记录。

（3）由1~2人负责执笔，将所讨论的内容写成初步的活动计划，再做补充。

（4）务必明确活动中的人员分工，如招募、组织、物资准备等。

（5）务必考虑到实际活动中可能出现的情形，如参加人数超出或少于计划招募人数、现场活动的设备如电脑或投影仪出现故障等，并提前做好应急预案。

（6）务必做出清晰、明确的活动经费预算。

（7）尽可能罗列出可链接到的社会资源，如社区交警、协管员等，并积极联络以获得实际的支持。

宣传与招募

步骤	内容	方法与形式	所需物资及资料包
1	宣传	海报、宣传单张、LED大屏幕、居民楼书面通知、青少年及家庭微信群或QQ群等网络通知、楼长通知、电话通知等	制作各类海报或通知所需要的纸张、空间和经费等 附件11：各类活动宣传海报或单张模板

操作细节和关键：

（1）总结以往活动中有效的宣传方式，继续使用。

（2）了解青少年和居民容易接受或习惯的宣传方式，特别关注青少年的朋友圈。

（3）应用微信、网络等现代化宣传手段。

（4）选择恰当的时间或醒目的地点进行海报或通知形式的宣传，以便社区青少年及其他居民及时发现并了解。

（5）宣传海报、单张或通知上的时间，以活动时间区间的形式注明，如"7月20日—25日"。待统计出大多数参与者能够参加的时间后，再明确通知具体的活动时间和地点。

步骤	内容	方法与形式	所需物资及资料包
2	报名及整理	统计人数，联系确认	附件12—附件14：活动报名表（青少年及家长、家长志愿者、社区志愿者）

操作细节和关键：

统计报名人数，同时重点统计青少年所填写的能够参加活动的时间，选择大多数人能够参加的某个时间段开展活动。这样做既体现了以"青少年"为活动主体，又避免了以往开展活动时因为青少年时间冲突而参与人数较少的情况。

链接社会资源

步骤	内容	方法与形式	所需物资及资料包
1	联系各类资源（如学校、交通安全部门等），以获得支持	走访，电话、电邮、微信或QQ群联系	附件7：社区志愿者资源名录 附件8：社区社会资源名录

操作细节和关键：
（1）在平时工作或活动中，要及时记录社区中可能的资源，如学校、交通安全部门、社会组织、物业等的联系人及其联系方式，建立相应的资源数据库。
（2）在必要情况下，积极走访各类资源以建立良好的关系。
（3）在秉持专业价值观的基础上，争取各类资源在人、财、物、时、空等方面的支持。

步骤	内容	方法与形式	所需物资及资料包
2	确定活动的协助方或赞助方	当面或电话、电邮、微信、QQ群确认	电话、电脑

（二）活动实施

活动时间：2016年7月16日、2016年7月24日。

活动地点：社区活动中心。

活动内容：第一，交通安全知识互动式讲座、知识竞答。

第二，交通安全案例分享、小组活动。

活动目的：促进青少年及家长了解交通安全知识，提高交通安全意识和行为。

交通安全知识互动式讲座＋知识竞答

步骤	内容	方法与形式	所需物资及资料包
1	布置场地、签到	分工合作、动员参加者加入	横幅、桌椅、麦克风、名签、笔等 附件15—附件17：活动签到表（青少年及家长、家长志愿者、社区志愿者）

续表

步骤	内容	方法与形式	所需物资及资料包
操作细节和关键： 布置场地时，社区工作者可以动员签到后的青少年和家长参与一些准备性的活动，如摆置桌椅、发放饮用水等。这既是与他们建立关系的过程，更是发挥他们能动性的过程，目的在于让参与的青少年及家长在行动中体验到参与和利他。			
2	专家或社区工作者讲座	互动式讲解	电脑、交通安全知识讲座课件、音响、投影仪等
关于专家：专家可以是外请的交警，也可以是社区居民中的志愿者及其团队；在资源有限的情况下，社区工作者也可以运用平时的积累，发挥自己的专长，利用资料包中的相关资料，当一回交通安全方面的临时专家。 操作细节和关键： （1）邀请交警讲座时，要先了解其简历、讲座主题及内容、所需要的设备支持等。 （2）与讲座的交警沟通，请其在讲座中加入提问和讨论环节，并说明这一环节的重要性，如这是青少年沟通、互动的有利机会。互动在于增强双方的交流，有利于交警及时了解青少年对交通安全知识及行为的理解程度，同时增强青少年的参与性，促进其行动。 （3）讲座前的一或两天，再次与交警联系沟通，以确保讲座如期进行。 （4）讲座开始时，对交警做简单介绍和欢迎，并做好组织、设备等方面的协助工作。			
3	互动环节	提问、讨论	大白纸、笔
操作细节和关键： 协助讲座专家开展提问、讨论环节，促进青少年互动、表达及学以致用。			
4	交通安全知识竞答	由社区工作者主持，青少年家庭分组后进行竞答	交通安全知识竞答题、抢答器、答题规则、电脑、大白纸、笔、音响、投影仪等

续表

步骤	内容	方法与形式	所需物资及资料包
5	小结讲座和知识竞赛	提炼交通安全知识重点、奖励获胜者、发放交通安全知识小贴士	交通安全知识小贴士、奖品
6	请青少年和家长在活动后，关注、找寻交通安全实例，并以情景剧方式展示	说明寻找交通安全实例的目的、发放系列活动预告单	系列活动预告单

操作细节和关键：

（1）社区工作者要向青少年和家长具体说明找寻交通安全实例的目的，即在我们的生活中持续关注交通安全，并通过情景剧的方式增强体验。

（2）系列活动预告单主要向青少年及家长介绍三点：一是交通安全活动不是仅此一次，而是系列的；二是预告下次活动的时间、内容及形式；三是告知青少年和家长在下次活动前需要做的有关准备。

交通安全案例分享＋小组活动

步骤	内容	方法与形式	所需物资及资料包
1	青少年和家长分享并展现交通安全实例	家庭分享、情景剧、互动	宽阔的活动场地，音响，活动道具如红绿灯、斑马线等

操作细节和关键：

（1）提前和青少年及家长沟通好需要准备的活动道具，动员大家一起准备。

（2）每个情景剧展示后，社区工作者要通过"引导性"的提问促进参与者互动，以促进大家对交通安全的认识和行动。可参考的"引导性"的提问，如询问展示者，"你在准备和展示情景剧时的心情分别是怎样的？你在这个过程中有什么感悟或收获？"询问观看者，"你观看情景剧时的心情是怎样的？你在观看后有什么感悟或收获？"

（3）若有条件，尽量邀请更多的家长和志愿者参与安全维护，组织青少年到实践基地或青少年活动中心进行仿真情景体验。

续表

步骤	内容	方法与形式	所需物资及资料包
2	制作交通安全宣传海报并共同分享	小组活动、集体分享	大白纸、彩笔、胶带、电脑等

操作细节和关键：

（1）基于上次互动式讲座和知识竞赛以及本次的案例分享，请青少年和家长现场形成活动收获。

（2）请青少年和家长以小组形式（每个小组3~4个家庭），设计交通安全宣传海报。

（3）社区工作者尽量向青少年和家长提供活动必要的物资，如白纸、笔、电脑及投影仪等。

（4）社会工作者在各组共同分享时，可以参考运用"附件18：引领性提问一"进行带领，以促进各组积极的互动。

（5）各组分享、互动之余，社区工作者也可以向各组表达一些想法和建议。

步骤	内容	方法与形式	所需物资及资料包
3	活动结束后，在社区张贴各组的宣传海报	张贴海报、社区宣传	社区宣传栏或宣传橱窗

（三）活动评估

步骤	内容	方法与形式	所需物资及资料包
1	青少年小组活动成员评估与反思	各小组分享交流、问卷评估	笔 附件29：活动评估问卷（青少年使用）

操作细节和关键：

（1）各小组彼此的分享交流是一种开放式的成效评估。社区工作者可以通过录像、拍照等方式，及时记录青少年交通安全案例分享与小组活动中的成果和收获，同时留存青少年各小组所准备的分享成果，以此作为活动成效的依据。

（2）通过"活动评估问卷"进行评估：

①社区工作者发放评估问卷，简单说明填写问卷的目的，请青少年完成。

②问卷填写过程中，及时向有疑问的青少年解释、说明。

③若有低年级儿童参加，可以让其用拼音或绘画形式完成，也可以请家长志愿者、社区志愿者或者社区工作者协助完成。

④青少年完成评估问卷后，请及时收回问卷。

续表

步骤	内容	方法与形式	所需物资及资料包
2	家长及志愿者评估	问卷评估、访谈	笔 附件30：活动评估问卷（家长使用） 附件31：活动评估问卷（志愿者使用） 附件32：家长访谈提纲 附件33：志愿者访谈提纲

操作细节和关键：
（1）请参与的家长和志愿者（包括家长志愿者和社区志愿者）在其方便的时候完成评估问卷，并及时回收。
（2）若有可能，以小组或个人访谈等形式，访问在交通安全互动式讲座和案例分享活动中一些积极参与的家长和志愿者，并在征得他们同意之后，做好录音或文字形式的记录。

步骤	内容	方法与形式	所需物资及资料包
3	社区工作者评估	完成活动评估问卷，整理归纳各类活动资料，总结与分享	笔、笔记本、电脑、回收的各类评估问卷、访谈资料 附件34：活动评估问卷（社区工作者使用）

操作细节和关键：
（1）关于整理归纳各类活动资料。
　①需要整理归纳的资料：尽量分类整理问卷、照片、视频等资料，并标明日期与活动名称。
　②可参考的归纳的方面：一是活动整体的效果；二是活动的内容和形式；三是活动的实施过程；四是从青少年自身、家长、志愿者和社区工作者的角度，归纳青少年在活动中的收获；五是家长、志愿者和社区工作者的收获；六是青少年、家长、志愿者和社区工作者对所收获的在未来的应用；七是社区工作者、志愿者在活动中的作用；八是活动过程中，链接资源的情况；九是对本次活动的具体建议；十是对活动的总结。
（2）关于总结与分享。
　①选择合适的时间，社区工作者以座谈方式，分享活动评估结果并做进一步反思。
　②特别并详细记录下活动成功的关键和需要改进的细节内容，以作为今后活动的重点参考。
　③若有可能，邀请青少年、家长和志愿者代表参与活动总结和分享，集体讨论交流的同时，做好重点记录。

步骤	内容	方法与形式	所需物资及资料包
4	撰写活动总结、简报或新闻稿	社区宣传栏、报纸或网络	活动总结稿、完成的简报或新闻稿

六、活动注意事项

（一）安全

要求：在活动中，要形成包括社区工作者、家长在内的安全保障小组，明确安全负责人，充分考虑安全隐患。

（二）活动组织与协调

要求：对于活动组织和协调中的原则、行动和注意事项，要进行具体、清晰的说明。

（三）其他

社区工作者根据所在社区的现实情况进行相应的补充。

第四节　保护自己，行动起来

一、活动名称

保护自己，行动起来

二、活动背景和意义

　　每个人都应该树立自我保护意识，掌握基本的自我保护技能，对于社区青少年而言更是如此。他们在上学、放学的途中，在学校里的学习玩耍，还有在家中的生活，以及在社区里的活动中都需要注意保护自己。本活动通过设计互动式讲座和社区宣传等活动，让青少年获得自我保护的知识和技能，并能够应用到他们的个人生活中去。

三、活动理念和目标

（一）理念

尊重生命，自我保护。

（二）总目标

树立自我保护意识，掌握基本的自我保护技能。

（三）分目标

第一，通过互动式讲座，使青少年了解自我保护的知识，学习基本的自我保护方法。

第二，通过小组活动，推动青少年宣传自我保护的知识以深化自我保护意识。

四、活动时间和地点

（一）时间

2016年7月16日、2016年7月20日

（二）地点

社区活动中心

五、活动流程

（一）活动准备

征集与确定活动主题

步骤	内容	方法与形式	所需物资及资料包
1	访问社区居民主要是青少年及其家长	随访，入户访问，访问居民微信群或QQ群、社区居民网络论坛，设立居民信箱，举办居民座谈会	大白纸、笔、录音笔 附件1：青少年社区公益实践活动访谈提纲 附件2：青少年社区公益实践活动意见征集表
2	查阅社区资料	查阅以往活动的内容及组织情况等	以往相关的社区活动资料、笔记本、笔 附件3：社区工作者可参考的青少年社区公益实践活动主题
3	结合社区及街道的工作进行指引	研读政策文件，提取主旨及关键	政府、街道应时的政策文件，笔记本，笔

设 计 活 动 计 划

步骤	内容	方法与形式	所需物资及资料包
1	明确活动主题及内容	社区工作者研讨、微信群或QQ群讨论	大白纸、电脑、笔记本、笔
2	形成初步的活动计划	1～2人总结，形成初稿	电脑、笔记本、笔 附件5：活动计划模板（参考） 附件6：社区工作者活动分工表（参考） 附件7：社区志愿者资源名录 附件8：社区社会资源名录 附件9：活动应急预案模板 附件10：活动物资预算表（参考）
3	完善活动计划，明确分工	小组研讨	已形成的初步活动计划

操作细节和关键：

活动计划是开展活动的核心和指引，需要花一些时间，参考信息，因时因境，讨论确定。设计计划过程中可以参考以下做法。

（1）在前期访问了解到青少年及家长的关于自我保护认识和需求及相关的政策倡导中找到交集，将之作为活动主题，活动名称可以参考使用青少年的说法。

（2）以"自身社区特点和资源"为基础，参考或使用资料包中相应的资料或补充资源链接中的信息，然后对活动框架、内容及方式进行较充分的讨论并记录。

（3）由1～2人负责执笔，将所讨论的内容写成初步的活动计划，再做补充。

（4）务必明确活动中的人员分工，如招募、组织、物资准备等。

（5）务必考虑到实际活动中可能出现的情形，如参加人数超出或少于计划招募人数、现场活动的设备如电脑或投影仪出现故障等，并提前做好应急预案。

（6）务必做出清晰、明确的活动经费预算。

（7）尽可能罗列出可链接到的社会资源，如青少年自我保护专家、青少年自我保护的榜样、学校等，并积极联络以获得实际的支持。

宣传与招募

步骤	内容	方法与形式	所需物资及资料包
1	宣传	海报、宣传单张、LED大屏幕、居民楼书面通知、青少年及家庭微信群或QQ群等网络通知、楼长通知、电话通知等	制作各类海报或通知所需要的纸张、空间和经费等 附件11：各类活动宣传海报或单张模板

操作细节和关键：

（1）总结以往活动中有效的宣传方式，继续使用。

（2）了解青少年和其他居民容易接受或习惯的宣传方式，特别关注青少年的朋友圈。

（3）应用微信、QQ等现代化宣传手段。

（4）选择恰当的时间或醒目的地点进行海报或通知形式的宣传，以便社区青少年及其他居民及时发现并了解。

（5）宣传海报、单张或通知上的时间，以活动时间区间的形式注明，如"7月20日—25日"。待统计出大多数参与者能够参加的时间后，再明确通知具体的活动时间和地点。

步骤	内容	方法与形式	所需物资及资料包
2	报名及整理	统计人数，联系确认	附件12—附件14：活动报名表（青少年及家长、家长志愿者、社区志愿者）

操作细节和关键：

统计报名人数，同时重点统计青少年所填写的能够参加活动的时间，选择大多数人能够参加的某个时间段开展活动。这样做既体现了以青少年为活动主体，又避免了以往开展活动时因为青少年时间冲突而参与人数较少的情况。

链接社会资源

步骤	内容	方法与形式	所需物资及资料包
1	联系各类资源（如学校、青少年维权等部门），以获得支持	走访，电话、网络联系	附件7：社区志愿者资源名录 附件8：社区社会资源名录

续表

步骤	内容	方法与形式	所需物资及资料包
操作细节和关键： （1）在平时工作或活动中，要及时记录社区中可能的资源，如学校、青少年维权等部门、社会组织、物业等的联系人及其联系方式，建立相应的资源数据库。 （2）在必要情况下，积极走访各类资源以建立良好的关系。 （3）在秉持专业价值观的基础上，争取各类资源在人、财、物、时、空等方面的支持。			
2	确定活动的协助方或赞助方	当面或电话、电邮、微信、QQ群确认	电话、电脑

（二）活动开展

活动时间：2016年7月16日—2016年7月17日。

活动地点：社区活动中心。

活动内容：第一，自我保护知识互动式讲座、情景模拟。

第二，自我保护社区宣传。

活动目的：促进青少年了解自我保护的知识，掌握自我保护的基本方法，并在社区宣传中进一步内化和践行相关知识与方法。

自我保护知识互动式讲座

步骤	内容	方法与形式	所需物资及资料包
1	布置场地及签到	分工合作，动员参加者加入	横幅、桌椅、麦克风、名签、笔等 附件15—附件17：活动签到表 （青少年及家长、家长志愿者、社区志愿者）
操作细节和关键： 布置场地时，社区工作者可以动员签到后的青少年和家长参与一些准备性的活动，如摆置桌椅、发放饮用水等。这既是与他们建立关系的过程，也是发挥他们能动性的过程，目的在于让参与的青少年及家庭在行动中体验到参与和利他。			
2	专家或社区工作者讲座	互动式讲解	电脑、自我保护讲座课件、音响、投影仪等

183

续表

步骤	内容	方法与形式	所需物资及资料包

关于专家：

专家可以是外请的青少年自我保护方面的专家，也可以是青少年自我保护的榜样或者是社区居民中的志愿者及其团队。在资源有限的情况下，社区工作者也可以运用平时的积累，发挥自己的专长，利用资料包的相关资料，当一回临时专家。

操作细节和关键：

（1）邀请青少年自我保护方面的专家讲座时，要先了解其简历、讲座主题及内容、所需要的设备支持等。

（2）与讲座的专家沟通，请其在讲座中加入提问和讨论环节，并说明这一环节的重要性，如这是青少年沟通、互动的有利机会。互动在于增强双方的交流，有利于专家及时了解青少年对自我保护的知识及行为的理解程度，同时也增强青少年的参与性，促进其行动。

（3）讲座前的一或两天，再次与专家联系沟通，以确保讲座如期进行。

（4）讲座开始时，对专家做简单介绍和欢迎，并做好组织、设备等方面的协助工作。

步骤	内容	方法与形式	所需物资及资料包
3	互动环节	提问、讨论	话筒、剧本、相应道具

操作细节和关键：

协助讲座专家开展提问环节，促进青少年互动、表达及学以致用。

自我保护知识情景模拟

步骤	内容	方法与形式	所需物资及资料包
1	自我保护技能演练	专家/社区工作者主持，青少年分组演练	自我保护的情景安排、桌椅道具等

操作细节和关键：

（1）专家/社区工作者要向青少年具体说明情景模拟的目的和意义。

（2）将情景分类，如家庭遭遇火灾、陌生人跟踪、踩踏事件等。不同小组任选一个主题进行角色扮演，每组设一个观察员，每种类型的情景都可设置正确与错误两种方式。

（3）情景模拟后，专家/社区工作者邀请组内观察者和其他小组进行点评，以促进青少年之间的互动，如"你以前遇到这种情况时是如何反应的？""这样的保护方式有什么好处？""他们的演示有什么需要完善的地方？"然后，请专家/社区工作者给予专业的点评和指导，进一步强化青少年的安全意识和自我保护能力。

自我保护社区宣传

步骤	内容	方法与形式	所需物资及资料包
1	青少年准备自我保护的宣传资料和形式	自制海报和宣传小贴士	大白纸、彩笔等
2	青少年开展社区宣传	选择地点，以小组为单位进行宣传	
3	活动结束后，在社区张贴各组的宣传海报	张贴海报，社区宣传	社区宣传栏或宣传橱窗

操作细节和关键：
（1）提前和青少年进行沟通，动员大家一起为社区宣传做准备。
（2）请青少年以小组形式（每个小组3~4人），设计以"自我保护"为主题的宣传，方式可以是海报，也可以是小贴士。
（3）社区工作者尽量向青少年提供活动必要的物资，如纸、笔、展示空间等。
（4）社区工作者鼓励青少年向其他居民讲解自我保护的要点并进行相应的演示。

（三）活动评估

步骤	内容	方法与形式	所需物资及资料包
1	青少年小组活动成员评估与反思	各小组分享交流、问卷评估	笔 附件29：活动评估问卷（青少年使用）

操作细节和关键：
（1）各小组彼此的分享交流是一种开放式的成效评估。社区工作者可以通过录像、拍照等方式，及时记录青少年分享自我保护的成果和收获，同时留存青少年各小组的分享成果，以此作为活动成效的依据。
（2）通过"活动评估问卷"进行评估：
　①社区工作者发放评估问卷，简单说明填写问卷的目的，请青少年完成。
　②问卷填写过程中，及时向有疑问的青少年解释、说明。
　③若有低年级儿童参加，可以让其用拼音或绘画形式完成，也可以请家长志愿者、社区志愿者或者社区工作者协助完成。
　④青少年完成评估问卷后，请及时收回问卷。

步骤	内容	方法与形式	所需物资及资料包
2	家长及志愿者评估	问卷评估、访谈	笔 附件30：活动评估问卷（家长使用） 附件31：活动评估问卷（志愿者使用） 附件32：家长访谈提纲 附件33：志愿者访谈提纲

操作细节和关键：
（1）请参与的家长和志愿者（包括家长志愿者和社区志愿者）在其方便的时候完成评估问卷，并及时回收。
（2）若有可能的话，联系并以小组或个人访谈等形式，访问一些积极参与青少年自我保护活动的家长和志愿者，并在征得他们同意之后，做好录音或文字形式的记录。

步骤	内容	方法与形式	所需物资及资料包
3	社区工作者评估	完成活动评估问卷，整理归纳各类活动资料，总结与分享	笔、笔记本、电脑、回收的各类评估问卷、访谈资料 附件34：活动评估问卷（社区工作者使用）

操作关键和细节：
（1）关于整理归纳各类活动资料。
　①需要整理归纳的资料：尽量分类整理问卷、照片、视频等资料，并标明日期与活动名称。
　②可参考的归纳的方面：一是活动整体的效果；二是活动的内容和形式；三是活动的实施过程；四是从青少年自身、家长、志愿者和社区工作者的角度，归纳青少年在活动中的收获；五是家长、志愿者和社区工作者的收获；六是青少年、家长、志愿者和社区工作者对所收获的在未来的应用；七是社区工作者、志愿者在活动中的作用；八是活动过程中，链接资源的情况；九是对本次活动的具体建议；十是对活动的总结。
（2）关于总结与分享。
　①选择合适的时间，社区工作者以座谈方式，分享活动评估结果并做进一步反思。
　②特别并详细记录下活动成功的关键和需要改进的细节内容，以作为今后活动的重点参考。
　③若有可能的话，邀请青少年、家长和志愿者代表参与活动总结和分享，集体讨论交流的同时，做好重点记录。

步骤	内容	方法与形式	所需物资及资料包
4	撰写活动总结、简报或新闻稿	社区宣传栏、报纸或网络	活动总结稿、完成的简报或新闻稿

六、活动注意事项

（一）安全

要求：在活动中，要形成包括社区工作者、家长在内的安全保障小组，明确安全负责人，充分考虑安全隐患。

（二）活动组织与协调

要求：对于活动组织和协调中的原则、行动和注意事项，要进行具体、清晰的说明。

（三）其他

社区工作者根据所在社区的现实情况进行相应的补充。

第五节　我爱我的家

一、活动名称

我爱我的家

二、活动背景和意义

家庭是社会的细胞，是社区的基本单位，是个人成长的摇篮。家庭关系和谐，关系到个人的健康成长、社区的和谐建设与社会的和谐发展。社区是一个具有多元性的共同体，个体生长在不同的家庭环境里，每个家庭都有其独特的历史故事和生活方式，有着不同的家庭规则，从而呈现出不同的家庭风貌。城市化、工业化的发展挑战着传统社区人们之间的亲密关系，现代社会里父母忙于工作，孩子由祖辈或者是外请的阿姨进行照顾，这样的情况影响到父母与孩子之间的联系、家庭之间的互动。为了加强青少年对家庭的认识、推动家庭之间的联系，本社区通过举办此次活动，希望为各个家庭提供一个展示、交流的平台。

三、活动理念和目标

（一）理念

认识家庭，社区和谐。

（二）总目标

加强青少年对家庭的认识，促进家庭之间的互动，共建和谐社区。

（三）分目标

第一，通过互动式讲座，提升青少年对家庭的认识和责任意识。

第二，通过家庭展示，促进家庭之间的沟通、互动和彼此欣赏。

四、活动时间和地点

（一）时间

2016年7月22日、2016年7月30日

（二）地点

社区活动中心

五、活动流程

（一）活动准备

征集与确定活动主题

步骤	内容	方法与形式	所需物资及资料包
1	访问社区居民	随访、入户访问，访问居民微信群或QQ群、社区居民网络论坛，设立居民信箱，举办居民座谈会	大白纸、笔、录音笔 附件1：青少年社区公益实践活动访谈提纲 附件2：青少年社区公益实践活动意见征集表
2	查阅社区资料	查阅以往活动的内容及组织情况等	笔记本、笔、以往相关的社区家庭活动资料 附件3：社区工作者可参考的青少年社区公益实践活动主题
3	结合社区及街道的工作指引	研读政策文件，提取主旨及关键	笔记本、笔、政府和街道应时的政策文件

设计活动计划

步骤	内容	方法与形式	所需物资及资料包
1	明确活动主题及内容	小组研讨，微信群或QQ群讨论	大白纸、电脑、笔记本、笔
2	形成初步的活动计划	1～2人总结，形成初稿	电脑、笔记本、笔 附件5：活动计划模板（参考） 附件6：社区工作者活动分工表（参考） 附件7：社区志愿者资源名录 附件8：社区社会资源名录 附件9：活动应急预案模板 附件10：活动物资预算表（参考）
3	完善活动计划、明确分工	小组研讨	已形成的初步活动计划

操作细节和关键：

活动计划是开展活动的核心和指引，需要花一些时间，参考信息，因时因境，讨论确定。设计计划过程中可以参考以下做法。

（1）在前期访问了解到的青少年及其他居民的关于家庭的认识和需求中找到交集，将之作为活动主题，活动名称可以参考使用青少年的说法。

（2）以自身社区家庭的特点和资源为基础，参考或使用资料包中相应的附件，参考或补充资源链接中的信息，然后对活动框架、内容及方式进行较充分的讨论并记录。

（3）由1～2人负责执笔，将所讨论的内容写成初步的活动计划，再做补充。

（4）务必明确活动中的人员分工，如招募、组织、物资准备等。

（5）务必考虑到实际活动中可能出现的情形，如参加活动的家庭及人数超出或少于计划招募人数、现场活动的设备如电脑或投影仪出现故障等，并提前做好应急预案。

（6）务必做出清晰、明确的活动经费预算。

（7）尽可能罗列出可链接到的社会资源，如家庭教育专家、社区文明家庭或优秀家庭等，并积极联络以获得实际的支持。

宣传与招募

步骤	内容	方法与形式	所需物资及资料包
1	宣传	海报、宣传单张、LED大屏幕、居民楼书面通知、青少年及家庭微信群或QQ群等网络通知、楼长通知、电话通知等	制作各类海报或通知所需要的纸张、空间和经费等 附件11：各类活动宣传海报或单张模板

操作细节和关键：
（1）总结以往活动中有效的宣传方式，继续使用。
（2）了解青少年和居民容易接受或习惯的宣传方式，特别关注青少年的朋友圈。
（3）应用微信、QQ等现代化宣传手段。
（4）选择恰当的时间或醒目的地点进行海报或通知形式的宣传，以便社区青少年及其他居民及时发现并了解。
（5）宣传海报、单张或通知上的时间，以活动时间区间的形式注明，如"7月20日—25日"，待统计出大多数参与者能够参加的时间后，再明确通知具体的活动时间和地点。

步骤	内容	方法与形式	所需物资及资料包
2*	报名及整理	统计人数，联系确认	附件12—附件14：活动报名表（青少年及家长、家长志愿者、社区志愿者）

操作细节和关键：
统计报名人数，同时重点统计青少年所填写的能够参加活动的时间，选择大多数人能够参加的某个时间段开展活动。这样做既体现出以青少年为活动主体，又避免了以往开展活动时因为青少年时间冲突而参与人数较少的情况。

链接社会资源

步骤	内容	方法与形式	所需物资及资料包
1	联系各类资源（如学校、家庭教育专家、社区文明或优秀家庭等），以获得支持	走访、电话、微信或QQ群联系	附件7：社区志愿者资源名录 附件8：社区社会资源名录

续表

步骤	内容	方法与形式	所需物资及资料包
操作细节和关键： （1）在平时工作和活动中，要及时记录社区中可能的资源，如学校、家庭信息、社会组织、物业等的联系人及其联系方式，建立相应的资源数据库。 （2）在必要情况下，积极走访各类资源以建立良好的关系。 （3）在秉持专业价值观的基础上，争取各类资源在人、财、物、时、空等方面的支持。			
2*	确定活动的协助方或赞助方	当面或电话、电邮、微信、QQ群确认	电话、电脑

（二）活动实施

活动时间：2016年7月22日、2016年7月30日。

活动地点：社区活动中心。

活动内容：第一，"我亲爱的家"互动式讲座。

第二，社区行动"欢迎来看我的家"。

活动目的：第一，提高青少年对家庭的认识和理解，包括家庭的来源、家庭结构和家庭对个人成长的影响。

第二，提供家庭展示的平台，促进社区内不同家庭间的交流。

"我亲爱的家"互动式讲座

步骤	内容	方法与形式	所需物资及资料包
1	布置场地及签到	分工合作，动员参加者加入	横幅、桌椅、麦克风、名签、笔等附件15—附件17：活动签到表（青少年及家长、家长志愿者、社区志愿者）

步骤	内容	方法与形式	所需物资及资料包
	操作细节和关键： 布置场地时，社区工作者可以动员签到后的青少年和家长参与一些准备性的活动，如摆置桌椅、发放饮用水等。这既是与他们建立联系的过程，更是发挥他们能动性的过程，目的在于让参与的青少年及家长在行动中体验到参与和利他。		
2	专家或社区工作者讲座	互动式讲解	电脑、认识家庭讲座课件、音响、投影仪等

关于专家：
专家可以是外请的家庭教育专家，也可以是社区居民中的文明家庭或优秀家庭及其团队。在资源有限的情况下，社区工作者也可以运用平时的积累，发挥自己的专长，利用资料包的相关资料，当一回临时专家。
操作细节和关键：
（1）邀请专家讲座时，要先了解其简历、讲座主题及内容、所需要的设备支持等，向其说明此次活动的目的，并请专家按照此目的做相应的准备。
（2）与讲座的专家沟通，请其在讲座中加入提问和讨论环节，并说明这样做重要性，如这是青少年沟通、互动的有利机会。互动在于增强双方的交流，有利于专家及时了解青少年对家庭的理解程度，同时也有利于增强青少年的参与性，促进其行动。
（3）讲座前的一或两天，再次与专家联系沟通，以确保讲座如期进行。
（4）讲座开始时，对专家做简单介绍和欢迎，并做好组织、设备等方面的协助工作。

3	互动环节	提问、讨论	大白纸、笔

操作细节和关键：
协助讲座专家开展提问、讨论环节，促进青少年互动、表达及学以致用。提问的重点是检查参与者对于家庭的认知和理解，如"请列举家庭对你行为习惯的影响，对你成长的帮助"，"如何看待家庭成员的互动及亲人之间的关系"等。

组建家庭小组十小组行动

步骤	内容	方法与形式	所需物资及资料包
1	建立家庭展示策划小组，进行团队建设，制订小组规范和活动计划	分组及团队建设（游戏），小组讨论	场地、大白纸、笔、活动桌椅 附件19：小组活动游戏参考 附件21：小组活动规范 附件22：小组活动计划
2	各组汇报家庭展示计划	分组汇报	大白纸、麦克风
3	各组分别实施计划	分工合作	各小组活动计划

操作细节和关键：
（1）提前和青少年及家长沟通好需要准备的活动道具或物质，动员大家一起准备。
（2）在汇报和选择家庭展示方式时，社区工作者首先需要尊重青少年及家长的想法，注重参与者的主动性和积极性，引导其利用既有资源设计展示计划。其次，可以提供几个参考：照片墙、故事会（小会场讲述家庭的故事）等。
（3）在展示日到来之前，提前了解展示家庭对场地等方面的要求，以便及时联系合适的场地，做好场地布置等各方面的准备。

（三）活动评估

步骤	内容	方法与形式	所需物资及资料包
1	青少年小组活动成员评估与反思	各小组分享交流、问卷评估	笔 附件29：活动评估问卷（青少年使用）

操作细节和关键：
（1）各小组彼此的分享交流是一种开放式的成效评估。社区工作者可以通过录像、拍照等方式，及时记录青少年家庭分享的成果和收获，同时留存各家庭小组所准备的分享成果，以此作为活动成效的依据。
（2）通过"活动评估问卷"进行评估。
①社区工作者发放评估问卷，简单说明填写问卷的目的，请青少年完成。
②问卷填写过程中，及时向有疑问的青少年解释、说明。
③若有低年级儿童参加，可以让其用拼音或绘画形式完成，也可以请家长志愿者、社区志愿者或者社区工作者协助完成。
④青少年完成评估问卷后，请及时收回问卷。

步骤	内容	方法与形式	所需物资及资料包
2	家长及志愿者评估	问卷评估、访谈	笔 附件30：活动评估问卷（家长使用） 附件31：活动评估问卷（志愿者使用） 附件32：家长访谈提纲 附件33：志愿者访谈提纲

操作细节和关键：

（1）请参与的家长和志愿者（包括家长志愿者和社区志愿者）在方便的时候完成评估问卷，并及时回收。

（2）若有可能的话，联系并以小组或个人访谈等形式，访问一些积极参与活动的家长和志愿者，并在征得他们同意之后，做好录音或文字形式的记录。

步骤	内容	方法与形式	所需物资及资料包
3	社区工作者评估	完成活动评估问卷，整理归纳各类活动资料，总结与分享	笔、笔记本、电脑、回收的各类评估问卷、访谈资料 附件34：活动评估问卷（社区工作者使用）

操作细节和关键：

（1）关于整理归纳各类活动资料。

①需要整理归纳的资料：尽量分类整理问卷、照片、视频等资料，并标明日期与活动名称。

②可参考的归纳的方面：一是活动整体的效果；二是活动的内容和形式；三是活动的实施过程；四是从青少年自身、家长、志愿者和社区工作者的角度，归纳青少年在活动中的收获；五是家长、志愿者和社区工作者的收获；六是青少年、家长、志愿者和社区工作者对所收获的在未来的应用；七是社区工作者、志愿者在活动中的作用；八是活动过程中，链接资源的情况；九是对本次活动的具体建议；十是对活动的总结。

（2）关于总结与分享。

①选择合适的时间，社区工作者以座谈方式分享活动评估结果并做进一步反思。

②特别并详细记录下活动成功的关键和需要改进的细节内容，以作为今后活动的重点参考。

③若有可能的话，邀请青少年、家长和志愿者代表参与活动总结和分享环节，集体讨论交流的同时，做好重点记录。

步骤	内容	方法与形式	所需物资及资料包
4	撰写活动总结、简报或新闻稿	社区宣传栏、报纸或网络	活动总结稿、完成的简报或新闻稿

六、活动注意事项

（一）安全

要求：在活动中，要形成包括社区工作者、家长在内的安全保障小组，明确安全负责人，充分考虑安全隐患。

（二）活动组织与协调

要求：对于活动组织和协调中的原则、行动和注意事项，要进行具体、清晰的说明。

（三）其他

社区工作者根据所在社区的现实情况进行相应的补充。

第六节　邻里互助乐相处

一、活动名称

邻里互助乐相处

二、活动背景和意义

邻里关系是最基本的社会关系，邻里和谐是社会和谐的基础。为了建立平等互助、团结友爱、热心公益、奉献社会的新型邻里关系，弘扬崇尚文明、互帮互助、邻里和谐的社会风尚，促进和谐社会建设。本社区从社区居民及家庭的实际需求出发，通过开展一系列的邻里和谐活动，弘扬社会公德和家庭美德，营造与邻为善、与邻为亲、与邻为乐的邻里和谐氛围，共同建设文明健康、温馨和谐的社区邻里环境。

三、活动理念和目标

（一）理念

与邻为善、与邻为亲、与邻为乐。

（二）总目标

通过邻里家庭之间的活动，促进邻里关系和互助。

（三）分目标

第一，通过建立邻里家庭小组，促进邻里熟悉度及其关系。

第二，通过邻里家庭小组共议、实施邻里互助活动，实现邻里互助乐相处。

四、活动时间和地点

（一）时间

2016年7月18日

（二）地点

社区活动中心

五、活动流程

（一）活动准备

征集与确定活动主题

步骤	内容	方法与形式	所需物资及资料包
1	访问社区青少年及家长	随访，入户访问，访问居民微信群或QQ群，设立居民信箱，举办居民座谈会等	大白纸、笔、录音笔 附件1：青少年社区公益实践活动访谈提纲 附件2：青少年社区公益实践活动意见征集表
2	查阅社区资料	查阅以往邻里互助活动的内容及组织情况	笔记本、笔、以往相关的社区活动资料 附件3：社区工作者可参考的青少年社区公益实践活动主题

设计活动计划

步骤	内容	方法与形式	所需物资及资料包
1	明确活动主题及内容	小组研讨，微信群或QQ群讨论	大白纸、电脑、笔记本、笔
2	形成初步的活动计划	1~2人总结，形成初稿	电脑、笔记本、笔 附件5：活动计划模板（参考） 附件6：社区工作者活动分工表（参考） 附件7：社区志愿者资源名录 附件8：社区社会资源名录 附件10：活动物资预算表（参考）
3	完善活动计划、明确分工	小组研讨	已形成的初步活动计划

操作细节和关键：

活动计划是开展活动的核心和指引，需要花一些时间，参考信息，因时因境，讨论确定。设计计划过程中可以参考以下做法。

（1）在前期访问青少年及家长关于家庭与邻里互助、家风建设的社会倡导中找到交集，将之作为活动主题，活动名称可以参考使用社区居民喜闻乐见的说法。

（2）以自身社区特点和资源为基础，参考或使用资料包中相应的附件，参考或补充资源链接中的信息，然后对活动框架、内容及方式进行较充分的讨论并记录。

（3）由1~2人负责执笔，将所讨论的内容写成初步的活动计划，再做补充。

（4）务必明确活动中的人员分工，如招募、组织、物资准备等。

（5）务必考虑到实际活动中可能出现的情形，如参加人数超出或少于计划招募人数、现场活动的设备如电脑或投影仪出现故障等，并提前做好应急预案。

（6）务必做出清晰、明确的活动经费预算。

（7）尽可能罗列出可链接到的社会资源，如物业或学校等，并积极联络以获得实际的支持。

宣传与招募

步骤	内容	方法与形式	所需物资及资料包
1	宣传	海报、宣传单张、LED大屏幕、居民楼书面通知、家庭微信群或QQ群等网络通知、楼长通知、电话通知等	制作各类海报或通知所需要的纸张、空间和经费等 附件11：各类活动宣传海报或单张模板

续表

步骤	内容	方法与形式	所需物资及资料包
操作细节和关键： （1）总结以往活动中有效的宣传方式，继续使用。 （2）了解青少年和居民容易接受或习惯的宣传方式。 （3）应用微信、QQ等现代化宣传手段。 （4）选择恰当的时间或醒目的地点进行海报或通知形式的宣传，以便社区居民和家庭及时发现并了解。 （5）宣传海报、单张或通知上的时间，以活动时间区间的形式注明，如"7月20日—25日"，待统计出大多数家庭能够参加的时间后，再明确通知具体的活动时间和地点。			
2	报名及整理	统计人数，联系确认	附件12—附件14：活动报名表（青少年及家长、家长志愿者、社区志愿者）
操作细节和关键： 统计报名表中的家庭数目，重点统计家庭所填写的能够参加活动的时间，选择较多家庭能够参加的某个时间段开展活动。这样做既体现出以家庭为活动主体，又避免了以往开展活动时因为时间冲突而参与家庭较少的情况。			

链接社会资源

步骤	内容	方法与形式	所需物资及资料包
1	联系各类资源（如学校、物业等），以获得支持	走访，电话、电邮、微信或QQ群联系	附件7：社区志愿者资源名录 附件8：社区社会资源名录
操作细节和关键： （1）在平时工作或活动中，要及时记录社区中可能的资源，如学校、社会组织、物业等的联系人及其联系方式，建立相应的资源数据库。 （2）在必要情况下，积极走访各类资源以建立良好的关系。 （3）在秉持专业价值观的基础上，争取各类资源在人、财、物、时、空等方面的支持。			
2	确定活动的协助方或赞助方	当面或电话、电邮、微信、QQ群确认	电话、电脑

（二）活动实施

活动时间：2016年7月16日、2016年7月24日。

活动地点：社区活动中心。

活动内容：第一，建立家庭小组，相识并熟悉。

第二，家庭小组共议邻里互助。

第三，家庭小组践行邻里互助。

活动目的：促进社区家庭的互动和互助，提升文明健康、温馨和谐的社区邻里环境。

家庭小组的邻里互助

步骤	内容	方法与形式	所需物资及资料包
1	布置场地及签到	分工合作，动员参加者加入	横幅、桌椅、麦克风、名签、笔等 附件15—附件17：活动签到表（青少年及家长、家长志愿者、社区志愿者）
操作细节和关键： 布置场地时，社区工作者可以动员签到后的家庭参与一些准备性的活动，如摆置桌椅、发放饮用水等。这既是与他们建立关系的过程，更是发挥其能动性的过程，目的在于让参与的青少年及家庭在行动中体验到参与和利他。			
2	建立家庭小组，相识并熟悉	随机形成由几个家庭组成的家庭小组	附件19：小组活动游戏参考
3	家庭小组共议邻里互助	小组讨论、情景剧可参考的讨论议题：社区生活中有哪些事情是可以邻里互助的？我的家庭能做哪些邻里互助的事情？情景剧：请每个家庭小组以情景剧的方式展现邻里互助	大白纸、笔、情景剧可能使用到的简单道具

续表

步骤	内容	方法与形式	所需物资及资料包

操作细节和关键：

（1）社区工作者要向家庭小组清晰地说明活动的内容和流程：首先请各家庭小组充分讨论邻里互助的议题，并将讨论好的内容写在白纸上，以做大组家庭的分享之用，然后再请每个家庭小组商讨、排演邻里互助的情景剧，为情景剧展示做准备。

（2）在家庭小组讨论和排演情景剧的过程中，跟进每个家庭小组，及时解答可能出现的疑问并提醒时间。

（3）待各小组完成讨论和情景剧准备后，邀请所有家庭小组一起分享讨论成果并展示各组的情景剧。

（4）每个家庭小组分享后，引导其他家庭小组与展示的小组互动，如"看完这个家庭小组的展示后，大家的心情如何？有什么感想？有哪些要点赞的？"

步骤	内容	方法与形式	所需物资及资料包
4	邻里互助计划	家庭小组或家庭结对，商议互助计划	大白纸、笔 附件22：小组活动计划

操作细节和关键：

（1）促进家庭结对或家庭小组制订今后可实施的、具体的邻里帮助计划。

（2）可以和家庭分享一些社区邻里互助的事例或经验，以促进家庭邻里互助计划的制订。

（3）邻里互助计划的重点是在尊重每个家庭实际情况的基础上，具体实施，其目的在于促进邻里之间的互动与互助。

步骤	内容	方法与形式	所需物资及资料包
5	家庭实施邻里互助计划	家庭行动	记录互助活动所需的笔记本、照相机等

操作细节和关键：

（1）社区工作者要在各个家庭行动之前，通知其活动之后要在社区范围内开展分享活动，请各个家庭做好记录和准备。

（2）社区工作者要做好活动的跟进和记录。

分享邻里互助经验

步骤	内容	方法与形式	所需物资及资料包
1	家庭小组或结对家庭分享互助经验	集体分享	大白纸、彩笔、电脑等

续表

步骤	内容	方法与形式	所需物资及资料包
操作细节和关键： （1）社区工作者要为邻里互助的分享活动做好人员和物资等方面的准备。 （2）社区工作者尽量向家庭提供分享活动必要的物资，如纸、笔、电脑及投影仪等。 （3）社会工作者在各组共同分享时，可以参考运用"附件18：引领性提问一" 　　进行带领，以促进各个家庭的积极互动。 （4）各家庭分享、互动之余，社区工作者也可以向家庭表达一些欣赏、想法和建议。			
2	活动结束后，在社区宣传家庭邻里互助的活动及成果	张贴海报、社区宣传	社区宣传栏、宣传橱窗、网站或微信

（三）活动评估

步骤	内容	方法与形式	所需物资及资料包
1	青少年小组活动成员评估与反思	各家庭小组分享交流、问卷	笔 附件29：活动评估问卷（青少年使用）
操作细节和关键： （1）各小组彼此的分享交流是一种开放式的成效评估，社区工作者可以通过录像、拍照等方式，及时记录并留存每个家庭中青少年分享的成果和收获，以此作为活动成效的依据。 （2）通过"活动评估问卷"进行评估。 　①社区工作者发放评估问卷，简单说明填写问卷的目的，请青少年完成。 　②问卷填写过程中，及时向有疑问的青少年解释、说明。 　③若有低年级儿童参加，可以让其用拼音或绘画形式完成，也可以请家长志愿者、社区志愿者或者社区工作者协助完成。 　④青少年完成评估问卷后，请及时收回问卷。			
2	家长及志愿者评估	评估问卷、访谈	笔 附件30：活动评估问卷（家长使用） 附件31：活动评估问卷（志愿者使用） 附件32：家长访谈提纲 附件33：志愿者访谈提纲

续表

步骤	内容	方法与形式	所需物资及资料包
	操作细节和关键： （1）请参与家庭的家长和志愿者（包括家长志愿者和社区志愿者）在其方便的时候完成评估问卷，并及时回收。 （2）若有可能的话，联系并以小组或个人访谈等形式，访问一些积极参与活动的家庭，并在征得其同意之后，做好录音或文字形式的记录。		
3	社区工作者评估	完成活动评估问卷、整理归纳各类活动资料、总结与分享	笔、笔记本、电脑、回收的各类评估问卷、访谈资料 附件34：活动评估问卷（社区工作者使用）
	操作关键和细节： （1）关于整理归纳各类活动资料。 　①需要整理归纳的资料：尽量分类整理问卷、照片、视频等资料，并标明日期与活动名称。 　②可参考的归纳的方面：一是活动的整体效果；二是活动的内容和形式；三是活动的实施过程；四是从青少年家庭、志愿者和社区工作者的角度，归纳青少年在活动中的收获和能力增长；五是家长、志愿者和社区工作者的收获；六是青少年、家长、志愿者和社区工作者对所收获的在未来的应用；七是社区工作者、志愿者在活动中的作用；八是活动过程中，链接资源的情况；九是对本次活动的具体建议；十是对活动的总结。 （2）关于总结与分享。 　①选择合适的时间，社区工作者以座谈方式，分享活动评估结果并做进一步反思。 　②特别并详细记录下活动成功的关键和需要改进的细节内容，以作为今后活动的重点参考。 　③若有可能的话，邀请青少年、家长和志愿者代表参与活动总结和分享，集体讨论交流的同时，做好重点记录。		
4	撰写活动总结、简报或新闻稿	社区宣传栏、报纸或网络	活动总结稿、完成的简报或新闻稿

六、活动注意事项

（一）安全

要求：在活动中，要形成包括社区工作者、家长在内的安全保障小组，明确安全负责人，充分考虑安全隐患。

（二）活动组织与协调

要求：对于活动组织和协调中的原则、行动和注意事项，要进行具体、清晰的说明。

（三）其他

社区工作者根据所在社区的现实情况进行相应的补充。

第七节　手拉手，一起走

一、活动名称

手拉手，一起走

二、活动背景和意义

心理学研究表明，朋辈群体对青少年的影响有时超过父母。青少年通过观察同辈群体的行为及其结果会习得相应的行为方式，因而良好的学习楷模对青少年的健康成长起着非常重要的作用。社区是一个多元化的存在，承载着丰富的资源，其中一种资源是人力资源。社区里有许多处于不同年龄阶段的青少年，每个青少年都有其特点和优势。若能够将不同年龄阶段的青少年，或者是具有相同兴趣爱好的青少年，或者是具备不同技能的青少年联结起来，将会对他们的成长产生重要影响。本次活动希望通过建立社区青少年之间的联系，在他们成长发展中增加朋辈群体的积极影响。

三、活动理念和目标

（一）理念

朋辈共享、共学、相互促进。

（二）总目标

建立社区青少年之间的联系，推动青少年之间相互学习、共同成长。

（三）分目标

第一，协助社区青少年寻找具有共同兴趣的伙伴。

第二，建立青少年之间相互学习的机制。

第三，提高青少年的沟通能力、分享意识。

四、活动时间和地点

（一）时间

2016年7月22日

（二）地点

社区活动中心

五、活动流程

（一）活动准备

活动计划与宣传招募

步骤	内容	方法与形式	所需物资及资料包
1	结合过往经验，了解青少年的特点，确定活动主题	参考过往活动资料、走访、会议讨论	附件1：青少年社区公益实践活动访谈提纲 附件2：青少年社区公益实践活动意见征集表 附件3：社区工作者可参考的青少年社区公益实践活动主题
2	设计"手拉手，一起走"活动计划	会议讨论	附件5：活动计划模板（参考） 附件6：社区工作者活动分工表（参考） 附件10：活动物资预算表（参考）

续表

步骤	内容	方法与形式	所需物资及资料包
3	宣传与招募，确定参与人数	LED大屏幕通知，电话通知，青少年或家庭的微信群、QQ群通知，楼长宣传，学校宣传	附件11：各类活动宣传海报或单张模板 附件12—附件14：活动报名表（青少年及家长、家长志愿者、社区志愿者）
4	联系各类资源，准备活动物资	电话、网络、走访	活动计划中的物资

（二）活动开展

活动时间：2016年7月22日。

活动地点：社区活动中心。

活动内容：青少年之间结对子。

活动目的：找到具有共同兴趣的伙伴，建立共同学习、一起分享的机制，从而促进社区青少年之间的联结。

青少年之间结对子

步骤	内容	方法与形式	所需物资及资料包
1	布置场地及签到	与参加的青少年一起准备	横幅、桌椅、麦克风、名签、饮用水 附件15—附件17：活动签到表（青少年及家长、家长志愿者、社区志愿者）
2	自我介绍，互动游戏	游戏活动	附件19：小组活动游戏参考
3	寻找队友，结对子（2~3人一组）	以居委会现有条件为基础，给予参考主题，如绘画、手工、运动、学业辅导等 参与者根据自身情况进行选择	纸张、彩笔、手工制作用品

续表

步骤	内容	方法与形式	所需物资及资料包
4	制订小组计划	主要涉及未来一个月，小组成员围绕主题要做的事情，具体到时间、地点、时长、事项、分工和所需物资	附件22：小组活动计划
5	小组实施计划	讨论、行动	形成的小组计划
6	小组活动评估与结束	现场分享：本次活动的感受和印象深刻的事情；本次活动中的收获和对本次活动的建议 完成评估问卷	照相机、笔等 附件29：活动评估问卷（青少年使用）

（三）活动总结

步骤	内容	方法与形式	所需物资及资料包
1	社区工作者整理活动资料	整理、归纳、统整评估结果	活动照片 已完成的附件29：活动评估问卷（青少年使用） 附件30—附件31：活动评估问卷（家长使用、志愿者使用）
2	社区工作者活动评估与总结，分享经验	会议讨论：本次活动取得的效果；本次活动中产生的好的行动经验；本次活动可以改进之处 完成评估问卷	照相机、笔 附件34：活动评估问卷（社区工作者使用）
3	撰写简报或新闻稿	社区宣传栏、报纸或网络	完成的简报或新闻稿

六、活动组织与协调

第一，明确活动主办单位、协办单位和赞助单位的职责。

第二，明确活动中青少年安全议题的职责与分工等。

第八节　社区如同家，有你也有他

一、活动名称

社区如同家，有你也有他

二、活动背景和意义

社区是人们生活的共同体，和谐社区建设倡导邻里互助、相互关怀。建设和谐社区有利于提高社区居民对社区的认同感、归属感。本活动基于青少年及家庭对社区的责任，通过社区居民之间的互帮互助，打造社区支持网络，提高社区居民之间的联系。活动从社区青少年开始，建立家庭之间的联系，进而带动社区网络的建设。

三、活动理念和目标

（一）理念
邻里互助，社区建设。

（二）总目标

树立青少年对于社区的责任意识，带动青少年家庭的参与，建立社区互助网络。

（三）分目标

第一，通过社区探访，协助青少年了解社区需求。

第二，通过青少年设计家庭互助计划，培养其社区责任意识和助人行为。

第三，通过青少年带动家庭参与，提升其运用资源的公益能力。

四、活动时间和地点

（一）时间

2016年7月22日至23日

（二）地点

社区活动中心

五、活动流程

（一）活动准备

活动计划与宣传招募

步骤	内容	方法与形式	所需物资及资料包
1	结合过往经验，了解青少年对社区需求的认识情况，确定活动主题	参考过往活动资料、走访、会议讨论	笔记本、笔、电脑、以往的活动资料 附件2：青少年社区公益实践活动意见征集表

续表

步骤	内容	方法与形式	所需物资及资料包
2	设计"社区如同家，有你也有他"活动计划	会议讨论	附件5：活动计划模板（参考） 附件6：社区工作者活动分工表（参考） 附件7：社区志愿者资源名录 附件8：社区社会资源名录 附件10：活动物资预算表（参考）
3	宣传与招募，确定参与家庭和探访家庭	LED大屏幕通知，电话通知，楼长宣传，学校宣传，青少年或家庭的微信群、QQ群	附件11：各类活动宣传海报或单张模板 附件12—附件14：活动报名装（青少年及家长、家长志愿者、社区志愿者）
4	联系各类资源，准备物资	电脑、网络、走访	

（二）活动开展

1. 社区探访

活动时间：2016年7月22日。

活动地点：社区活动中心。

活动内容：了解社区需求。

活动目的：提高青少年对社区需求的认识。

组建小组＋走访家庭

步骤	内容	方法与形式	所需物资及资料包
1	布置场地及签到	与参加的青少年一起准备	横幅、桌椅、麦克风、名签、饮用水 附件15—附件17：活动签到表（青少年及家长、家长志愿者、社区志愿者）
2	建立小组，进行团队建设，制定小组规范	分组及团队建设 小组讨论计划：包括探访时的注意事项，观察、访谈的主要内容，分工等	场地、大白纸、笔、活动桌椅 附件19：小组活动游戏参考 附件20：小组建立 附件21：小组活动规范 附件22：小组活动计划

续表

步骤	内容	方法与形式	所需物资及资料包
3	走访需要帮助的家庭	分小组进行社区探访：走访家庭，了解其基本情况和需求	笔记本、笔、录音笔
4	小组汇报	分组汇报（走访家庭的感受、发现和想法）	大白纸、麦克风

2. 小组活动

活动时间：2016年7月22日。

活动地点：社区活动中心。

活动内容：设计家庭互助计划。

活动目的：协助青少年小组设计家庭对接互助计划。

家庭对接计划与实施

步骤	内容	方法与形式	所需物资及资料包
1	社区工作者介绍帮助经验	社区工作者介绍：社区现有资源、社区过往的帮助活动、有需要帮助家庭的具体需求、帮助过程中可能存在的困难等	电脑、音响、投影仪、经验介绍课件等
2	小组设计家庭对接计划	小组讨论对接计划，可参考的实施方式：定期探望、具体帮扶、爱心捐赠等	笔、海报纸、A4纸等附件5：活动计划模板（参考）
3	各组汇报家庭对接计划	小组汇报，社区工作者点评（可以从两个方面点评：一是点赞的地方；二是需要改进或补充的地方）	
4	各组实施家庭对接计划	小组行动，分工合作	制订好的家庭对接计划

续表

步骤	内容	方法与形式	所需物资及资料包
5	小组分享与自我评估，结束活动	现场分享实施计划中的感受和印象深刻的事情 探讨实施计划中的收获、遇到的困难及解决办法、对活动的具体建议 完成评估问卷	附件29：活动评估问卷（青少年使用） 设计被帮辅家庭的活动评估问卷

（三）活动评估

步骤	内容	方法与形式	所需物资及资料包
1	社区工作者整理活动资料	整理、归纳、统整评估结果	活动照片 附件29：活动评估问卷（青少年使用） 附件30：活动评估问卷（家长使用） 附件31：活动评估问卷（志愿者使用）
2	社区工作者进行活动评估与总结，分享经验	会议讨论：本次活动取得的效果，本次活动产生的好的行动经验，本次活动可以改进之处 完成评估问卷	照相机、笔 附件34：活动评估问卷（社区工作者使用）
3	撰写简报或新闻稿	社区宣传栏、报纸或网络	完成的简报或新闻稿

六、活动组织与协调

第一，明确主办单位、协办单位和赞助单位的职责。

第二，明确青少年活动安全的职责分工。

第九节 我的社区梦想

一、活动名称

我的社区梦想

二、活动背景和意义

社区作为生活共同体，为个体的生活提供基础设施、人文情怀；社区中的个体也彼此联系、相互影响。作为社区居民，若怀着对所居住社区的认同感、归属感，负有建造美好和谐社区的使命，则我们的社区将更加美好。"社区是我家，共建靠大家。"尽管现实中的社区还存在一些令人不满意的地方，但作为大家庭中的一分子，个体有责任发挥自身的力量、凝聚集体的资源去行动，以创造共同的美好家园。本次活动基于对所在社区现实情况的分析和对未来的畅想，旨在提高青少年对社区的认识和认同，帮助青少年树立对社区的责任意识和归属感。

三、活动理念和目标

（一）理念

共同的社区，共同的责任。

（二）总目标

提高青少年对社区的认识和认同，帮助青少年树立对社区责任意识。

（三）分目标

第一，使青少年了解社区环境，发现社区中的资源优势和不足。

第二，激发青少年对社区未来的畅想，并思考个人可以为社区所做的努力。

第三，培养青少年的团队合作能力和社区责任感。

四、活动时间和地点

（一）时间

2016年7月22日至23日

（二）地点

社区活动中心

五、活动流程

（一）活动准备

活动计划与宣传招募

步骤	内容	方法与形式	所需物资及资料包
1	结合过往经验，了解青少年对社区的认识情况，确定活动主题	参考过往活动资料、走访、会议讨论	附件2：青少年社区公益实践活动意见征集表 附件3：社区工作者可参考的青少年社区公益实践活动主题

续表

步骤	内容	方法与形式	所需物资及资料包
2	设计"我的社区梦想"活动方案	会议讨论	附件5：活动计划模板（参考） 附件6：社区工作者活动分工表（参考） 附件7：社区志愿者资源名录 附件8：社区社会资源名录 附件9：活动应急预案模板 附件10：活动物资预算表（参考）
3	宣传与招募，确定参与人数	LED大屏幕通知或电话等通知、楼长宣传、学校宣传	附件11：各类活动宣传海报或单张模板 附件12—附件14：活动报名表（青少年及家长、家长志愿者、社区志愿者）
4	联系各类资源，准备活动物资	电话、网络、走访；准备社区地图；制作任务卡，内容主要包括：寻找到某一指定地点或了解了某一项社区资源（如某一区域有多少个垃圾桶）后，需要团队共同完成一项挑战（如跳绳、吹气球等）	社区地图、任务卡、跳绳、气球等，具体视现实条件而做调整

（二）活动实施

1. 社区寻宝[1]

活动时间：2016年7月22日。

活动地点：社区。

活动内容：小组形式，寻找社区里的资源，发现不足。

活动目的：了解社区环境，发现社区里的资源优势和不足。

---

[1]来源：中国青年政治学院社会工作学院2013级社会工作二班"社区工作"课程作业，有所调整。

组建小组＋社区寻宝

步骤	内容	方法与形式	所需物资及资料包
1	准备、签到	与参加活动的青少年一起准备	横幅、签到表、饮用水 附件15—附件17：活动签到表 （青少年及家长、家长志愿者、社区志愿者）
2	介绍活动，发放地图和寻宝任务卡	社区工作者讲解	社区地图、寻宝任务卡、纸、笔
3	分组、团队建设	小组活动	附件19：小组活动游戏参考 附件20：小组建立 附件21：小组活动规范
4	社区寻宝，完成任务	小组分工，共同完成	
5	活动评估与结束	现场分享：本社区的新发现，包括有哪些资源，有哪些不足；对本次活动的感受和建议 完成评估问卷	照相机、笔、白纸、麦克风等 附件29：活动评估问卷（青少年使用） 附件30：活动评估问卷（家长使用） 附件31：活动评估问卷（志愿者使用）

2. 畅想社区未来

活动时间：2016年7月23日。

活动地点：社区活动中心。

活动内容：青少年分小组，绘出梦想社区。

活动目的：在社区寻宝的基础上，培养青少年对社区的认同感和责任感。

组建小组+社区寻宝

步骤	内容	方法与形式	所需物资及资料包
1	布置场地及签到	与参加活动的青少年一起布置	横幅、桌椅、麦克风、名签等附件15—附件17：活动签到表（青少年及家长、家长志愿者、社区志愿者）
2	以小组形式绘出梦想社区	分工合作、讨论：怎样发挥优势；怎样改进社区的不足；理想的社区是什么样的	彩笔、海报纸、A4纸附件20：小组建立附件21：小组活动规范
3	小组展示和分享	分组展示、发言：介绍梦想社区	活动场地、麦克风、白板
4	小组活动自我评估	现场分享：对比现实和梦想的社区，有何感受和认识；自己可以为社区做什么；对本次活动的建议完成评估问卷	附件29：活动评估问卷（青少年使用）

（三）活动总结

步骤	内容	方法与形式	所需物资及资料包
1	社区工作者整理活动资料	整理、归纳、统整评估结果	已完成的活动和评估问卷（青少年使用），活动照片记录等
2	社区工作者做活动评估与总结，分享经验	会议讨论：本次活动取得的效果；本次活动中产生的好的行动经验；本次活动可以改进之处完成评估问卷	照相机、笔、笔记本附件34：活动评估问卷（社区工作者使用）
3	撰写简报或新闻稿	社区宣传栏、报纸或网络	完成的简报或新闻稿

（四）活动跟进

步骤	内容	方法与形式	所需物资及资料包
1	梦想社区联展	海报、活动照片张贴	海报、活动照片、社区宣传栏
2	召集各小组组长，设计社区改造计划	会议、讨论（可参考的内容：环境、安全、基础设施、文娱活动等）	附件27：社区大型活动计划模板

六、活动注意事项

（一）安全

社区居委会成立安全小组，充分考虑安全隐患。运用家长资源，让家长参与到社区寻宝的活动中来。

（二）活动组织与协调

明确活动主办单位、协办单位和赞助单位的职责。

第十节　多姿多彩美社区

一、活动名称

多姿多彩美社区

二、活动背景和意义

社区是居民生活的共同家园，美好的社区建设需要社区居民的共同参与。作为社区工作者，一方面有责任为社区居民创造安全、美好的社区环境，另一方面要做好组织者，为社区居民搭建共同服务、共同合作的社区平台。本活动旨在动员社区居民积极参与社区活动的共建与发展，通过多姿多彩美的社区活动，让社区居民，特别是青少年体验参与、合作、快乐、和谐的同时，不断提升他们的社区归属感和社会责任感。

三、活动理念和目标

（一）理念

在多姿多彩的社区活动中感受归属与责任。

（二）总目标

通过社区居民设计并实施多姿多彩的社区活动，不断提升社区居民，

特别是青少年的社区归属感和社会责任感。

（三）分目标

第一，通过建立社区活动小组，促进社区居民的熟悉度及其关系。

第二，通过社区居民设计并实施多姿多彩的社区活动，提升社区居民、特别是青少年的社区归属感和社会责任感。

四、活动时间和地点

（一）时间

2016年7月25日

（二）地点

社区活动中心

五、活动流程

（一）活动准备

征集与确定活动主题

步骤	内容	方法与形式	所需物资及资料包
1	访问社区青少年及家长等社区居民	随访，入户访问，访问居民微信群或QQ群，设立居民信箱，举办居民座谈会等	大白纸、笔、录音笔 附件1：青少年社区公益实践活动访谈提纲 附件2：青少年社区公益实践活动意见征集表
2	查阅社区资料	查阅以往社区综合活动的内容及组织情况	笔记本、笔、以往相关的社区活动资料 附件3：社区工作者可参考的青少年社区公益实践活动主题

设计活动计划

步骤	内容	方法与形式	所需物资及资料包
1	明确活动主题及内容	小组研讨、微信群或QQ群讨论	大白纸、电脑、笔记本、笔
2	形成初步的社区综合活动计划	1~2人总结，形成初稿	电脑、笔记本、笔 附件5：活动计划模板（参考） 附件6：社区工作者活动分工表（参考） 附件7：社区志愿者资源名录 附件8：社区社会资源名录 附件10：活动物资预算表（参考）
3	完善活动计划，明确分工	小组研讨	已形成的初步的社区综合活动计划

操作细节和关键：

（1）在前期访问社区居民及社区综合活动中找到交集，将该交集作为活动主题，活动名称可以参考使用社区居民喜闻乐见的说法。

（2）以自身社区特点和资源为基础，参考或使用资料包中相应的附件，参考或补充资源链接中的信息，然后对活动框架、内容及方式进行较充分的讨论并记录。

（3）由1~2人负责执笔，将所讨论的内容写成初步的社区综合活动计划，再做补充。

（4）务必明确活动中的人员分工，如招募、组织、物资准备等。

（5）务必考虑到实际活动中，可能出现的情形，如参加居民中青少年及家庭较少而老人过多、现场活动的设备如电脑或投影仪出现故障等，并提前做好应急预案。

（6）务必做好清晰、明确的活动经费预算。

（7）尽可能罗列出可链接到的社会资源，如物业、社会组织或学校等，并积极联络以获得实际的支持。

宣传与招募

步骤	内容	方法与形式	所需物资及资料包
1	宣传	海报、宣传单张、LED大屏幕、居民楼书面通知、家庭微信群或QQ群等网络通知、楼长通知、电话通知等	制作各类海报或通知所需要的纸张、空间或经费等 附件11：各类活动宣传海报或单张模板

续表

步骤	内容	方法与形式	所需物资及资料包
操作细节和关键： （1）总结以往活动中有效的宣传方式，继续使用。 （2）了解社区居民容易接受或习惯的宣传方式。 （3）应用微信、QQ等现代化宣传手段。 （4）选择恰当的时间或醒目的地点进行海报或通知形式的宣传，以便社区居民和家庭及时发现并了解。 （5）宣传海报、单张或通知上的时间，以活动时间区间的形式注明，如"7月20日—25日"，待统计出大多数社区居民能够参加的时间后，再明确通知具体的活动时间和地点。			
2	报名及整理	统计人数，联系确认	附件12—附件14：活动报名表（青少年及家长、家长志愿者、社区志愿者）
操作细节和关键： 统计报名表中的社区居民总数、青少年及家庭数目，重点统计家庭所填写的能够参加活动的时间，选择较多家庭及青少年能够参加的某个时间段开展活动。这样做既体现出以家庭为活动主体，又避免了以往开展活动时，因为时间冲突而参与家庭及青少年较少的情况。			

链接社会资源

步骤	内容	方法与形式	所需物资及资料包
1	联系各类资源（如学校、物业等），以获得支持	走访，电话、电邮、微信或QQ群联系	附件7：社区志愿者资源名录 附件8：社区社会资源名录
2	确定活动的协助方或赞助方	当面或电话、电邮、微信、QQ群确认	电话、电脑

（二）活动实施

活动时间：2016年7月22日。

活动地点：社区活动中心。

活动内容：第一，建立各类社区活动小组，相识并熟悉。

第二，各类社区活动小组商议社区综合活动。

第三，各类社区活动小组实施社区综合活动。

活动目的：促进社区居民的沟通、互动与合作，丰富社区生活，提升社区居民的社区归属感。

组建各类社区活动小组

步骤	内容	方法与形式	所需物资及资料包
1	布置场地及签到	分工合作，动员参加者加入	横幅、桌椅、麦克风、名签、笔等 附件15—附件17：活动签到表（青少年及家长、家长志愿者、社区志愿者）
操作细节和关键： 布置场地时，社区工作者可以动员签到后的社区居民参与一些准备性的活动，如摆置桌椅、发放饮用水等。			
2	建立各类社区活动小组，相识并熟悉	分组、互动活动	互动游戏 附件19：小组活动游戏参考
操作细节和关键： （1）社区工作者要根据设计的初步的社区综合活动计划，指导社区居民分组，如老少组、青少年组、居民楼组、父母组等。 （2）对于分组的形式，要尊重社区居民的意愿和建议。只要是有利于社区综合活动的分组形式，都可以参考使用。			
3	各类社区活动小组制订小组活动计划	小组讨论	大白纸、笔 附件5：活动计划模板（参考）
操作细节和关键： （1）社区工作者要向各小组清晰地说明活动的内容和流程。首先，请各小组充分讨论自己的小组活动计划，并强调"该计划的目的在于应用小组及身边的资源，设计出大家共同参与、丰富社区居民生活的活动"。其次，可以参考附件5所提供的活动计划模板，形成具体的活动计划。最后，请各小组与其他小组分享自己的活动计划，其他小组可以点赞并提出建议。 （2）在各小组讨论活动计划的过程中，社区工作者要不断跟进各小组的讨论，注意提示各小组计划要可行、接地气；对于资源有限的小组，要多提供他们所需要的帮助。 （3）社区工作者要为各小组提供其讨论时所需要的物资，如大白纸、笔等。			
4	商讨完整的社区综合活动计划	小组代表和社区工作者一起商讨	大白纸、笔 附件5：活动计划模板（参考）
操作细节和关键： （1）社区工作者邀请每个小组选出一位代表，各小组代表和社区工作者一起讨论，将各小组的计划整合成一个切实、可行的社区综合活动计划。 （2）社区工作者在和小组代表讨论社区综合活动计划时，要耐心倾听各位代表们的想法和建议，做好协调和统合工作，并特别关注到社区综合活动所需要的各类资源。			

步骤	内容	方法与形式	所需物资及资料包
		实施社区综合活动	
1	活动前的准备	按计划中的人员分工及物资行动	活动计划中的各类物资

操作细节和关键：
（1）社区工作者要注意调动社区的各类资源为活动做准备。
（2）社区工作者要和各方人员核对活动前的准备细节，以确保活动顺利实施。

步骤	内容	方法与形式	所需物资及资料包
2	实施社区综合活动	各小组一起活动	社区综合活动计划

（三）活动评估

步骤	内容	方法与形式	所需物资及资料包
1	小组活动成员评估与反思	各小组分享交流、问卷评估	笔 附件29：活动评估问卷（青少年使用）

操作细节和关键：
（1）各小组彼此的分享交流是一种开放式的成效评估，社区工作者可以通过录像、拍照等方式，及时记录并留存各小组分享的成果和收获，以此作为活动成效的依据。
（2）通过活动评估问卷进行评估。
　　①社区工作者发放评估问卷，简单说明填写问卷的目的，请社区居民完成。
　　②问卷填写过程中，及时向有疑问的社区居民解释、说明。
　　③若有低年级儿童参加，可以让其用拼音或绘画形式完成，也可以请家长志愿者、社区志愿者或者社区工作者协助完成。
　　④社区居民完成评估问卷后，请及时回收问卷。

步骤	内容	方法与形式	所需物资及资料包
2	家长及志愿者评估	问卷评估、访谈	笔 附件30：活动评估问卷（家长使用） 附件31：活动评估问卷（志愿者使用） 附件32：家长访谈提纲 附件33：志愿者访谈提纲

续表

步骤	内容	方法与形式	所需物资及资料包

操作细节和关键：

（1）请志愿者（包括家长志愿者和社区志愿者）在其方便的时候完成评估问卷，并及时回收。

（2）若有可能的话，联系并以小组或个人访谈等形式，访问一些积极参与活动的社区居民，在征得其同意之后，做好录音或文字形式的记录。

步骤	内容	方法与形式	所需物资及资料包
3	社区工作者评估	完成活动评估问卷、整理归纳各类活动资料、总结与分享	笔、笔记本、电脑、回收的各类评估问卷、访谈资料 附件34：活动评估问卷（社区工作者使用）

操作关键和细节：

（1）关于整理归纳各类活动资料。

①需要整理归纳的资料：尽量分类整理问卷、照片、视频等资料，并标明日期与活动名称。

②可参考的归纳的方面：一是活动的整体效果；二是活动的内容和形式；三是活动的实施过程；四是从青少年家庭、社区其他居民、志愿者和社区工作者的角度，归纳大家在活动中的收获，特别是青少年能力的增长；五是家长、志愿者和社区工作者的收获；六是青少年、家长、志愿者和社区工作者对所收获的在未来的应用；七是社区工作者、志愿者在活动中的作用；八是活动过程中，链接资源的情况；九是对本次活动的具体建议；十是对活动的总结。

（2）关于总结与分享。

①选择合适的时间，社区工作者以座谈方式，分享活动评估结果并做进一步反思。

②特别并详细记录下活动成功的关键和需要改进的细节内容，以作为今后活动的重点参考。

③若有可能的话，邀请青少年、家长和志愿者代表参与活动总结与分享，集体讨论交流的同时，做好重点记录。

步骤	内容	方法与形式	所需物资及资料包
4	撰写活动总结、简报或新闻稿	社区宣传栏、报纸或网络	活动总结稿、完成的简报或新闻稿

六、活动注意事项

（一）安全

要求：在活动中，要形成包括社区工作者、家长在内的安全保障小组，明确安全负责人，充分考虑安全隐患。

（二）活动组织与协调

要求：对于活动组织和协调中的原则、行动和注意事项，要进行具体、清晰的说明。

（三）其他

社区工作者根据所在社区的现实情况进行相应的补充。

第十一节　传承经典，发扬美德

一、活动名称

传承经典，发扬美德

二、活动背景和意义

中国国学经典文化底蕴丰厚，蕴藏着丰富的为人处世的经验和道理。国学经典学习，可以培养青少年良好的修养和习惯，使他们变得聪慧、礼貌、仁爱、守信、博学。文化复兴要从娃娃抓起，让青少年在经典学习中吸收文化营养、沉淀文化底蕴、提升文化品位、步入文化情境、体验文化情怀、丰富文化阅历、感受文化韵味。而当今社会，独生子女在"6+1"的家庭模式中居于中心，而部分学校教育侧重于知识的学习，便使得一些青少年表现出自私、冷漠、盲目攀比等消极的特点。本社区基于此现实，通过举办国学经典（《弟子规》）学习活动，传承国学经典里蕴含的道理，使得社区青少年在收获知识的同时，懂得做人的道理并且应用于实践。

三、活动理念和目标

（一）理念

文化传承，品德教育。

（二）总目标

引导青少年关注国学经典，并传承其中的精华以应用于实践。

（三）分目标

第一，通过学习《弟子规》知识，增进青少年对传统文化的了解。

第二，通过学习《弟子规》里的道理，增强青少年的理解力和领悟能力。

第三，通过情景模拟，促进青少年在体验中学以致用。

四、活动时间和地点

（一）时间

2016年7月22日

（二）地点

社区活动中心

五、活动流程

（一）活动准备

确定活动主题

步骤	内容	方法与形式	所需物资及资料包
1	访问社区居民	随访，入户访问，访问居民微信群、QQ群或社区居民网络论坛，设立居民信箱，举办居民座谈会	大白纸、笔、录音笔 附件1：青少年社区公益实践活动访谈提纲 附件2：青少年社区公益实践活动意见征集表
2	查阅社区资料	查阅以往活动的内容及组织情况等	笔记本、笔、以往相关的社区活动资料 附件3：社区工作者可参考的青少年社区公益实践活动主题

设计活动计划

步骤	内容	方法与形式	所需物资及资料包
1	明确活动主题及内容	小组研讨，微信群或QQ群讨论	大白纸、电脑、笔记本、笔
2	形成初步的活动计划	1～2人总结，形成初稿	电脑、笔记本、笔 附件5：活动计划模板（参考） 附件6：社区工作者活动分工表（参考） 附件7：社区志愿者资源名录 附件8：社区社会资源名录 附件9：活动应急预案模板 附件10：活动物资预算表（参考）
3	完善活动计划，明确分工	小组研讨	已形成的初步活动计划

操作细节和关键：

活动计划是开展活动的核心和指引，需要花一些时间，参考信息，因时因境，讨论确定。设计计划过程中可以参考以下做法。

（1）在前期访问了解到的青少年及其他居民的关于传统文化的认识和需求中找到交集，将之作为活动主题；活动名称可以参考使用青少年的说法。

（2）以自身社区特点和资源为基础，参考或使用资料包中相应的附件，参考或补充资源链接中的信息，然后对活动框架、内容及方式进行较充分的讨论并记录。

（3）由1～2人负责执笔，将所讨论的内容写成初步的活动计划，再做补充。

（4）务必明确活动中的人员分工，如招募、组织、物资准备等。

（5）务必考虑到实际活动中可能出现的情形，如参加人数超出或少于计划招募人数、现场活动的设备如电脑或投影仪出现故障等，并提前做好应急预案。

（6）务必做出清晰明确的活动经费预算。

（7）尽可能罗列出可链接到的社会资源，如传统文化的研究专家、传统文化的传承者等，并积极联络以获得实际的支持。

宣传与招募

步骤	内容	方法与形式	所需物资及资料包
1	宣传	海报、宣传单张或LED大屏幕宣传，居民楼书面通知，青少年及家庭微信群或QQ群等网络通知，楼长通知，电话通知等	制作活动海报或通知所需要的纸张、空间和经费等 附件11：各类活动宣传海报或单张模板

操作细节和关键：

（1）总结以往活动中有效的宣传方式，继续使用。

（2）了解青少年和居民容易接受或习惯的宣传方式，特别关注青少年的朋友圈。

（3）应用微信、QQ等现代化宣传手段。

（4）选择恰当的时间或醒目的地点进行海报或通知形式的宣传，以便社区青少年及其他居民及时发现并了解。

（5）宣传海报、单张或通知上的时间，以活动时间区间的形式注明，如"7月20日—25日"，待统计出大多数参与者能够参加的时间后，再明确通知具体的活动时间和地点。

步骤	内容	方法与形式	所需物资及资料包
2*	报名及整理	统计人数，联系确认	附件12—附件14：活动报名表（青少年及家长、家长志愿者、社区志愿者）

操作细节和关键：

统计报名人数，同时重点统计青少年所填写的能够参加活动的时间，选择大多数人能够参加的某个时间段开展活动。这样做既体现了以青少年为活动主体，又避免了以往开展活动时，因为青少年时间冲突而参与人数较少的情况。

链接社会资源

步骤	内容	方法与形式	所需物资及资料包
1	联系各类资源（如学校、传统文化传承者等），以获得支持	走访，电话、微信或QQ群联系	附件7：社区志愿者资源名录 附件8：社区社会资源名录

操作细节和关键：
（1）在平时工作或活动中，要及时记录社区中可能的资源，如学校、社会组织、传统文化的传承者等的联系方式，建立相应的资源数据库。
（2）在必要的情况下，积极走访各类资源以建立良好的关系。
（3）在秉持专业价值观的基础上，争取各类资源在人、财、物、时、空等方面的支持。

步骤	内容	方法与形式	所需物资及资料包
2	确定活动的协助方或赞助方	当面、电话、电邮、微信或QQ群确认	电话、电脑

（二）活动开展

活动时间：2016年7月22日

活动地点：社区活动中心

活动内容：第一，《弟子规》介绍。

第二，小组展示，再现典故。

第三，践行优秀传统文化。

活动目的：了解《弟子规》的内容，学习其中的典故并践行优秀传统文化。

互动式讲座

步骤	内容	方法与形式	所需物资及资料包
1	布置场地及签到	分工合作，动员相关人员加入	横幅、桌椅、麦克风、名签、笔等 附件15—附件17：活动签到表（青少年及家长、家长志愿者、社区志愿者）

操作细节和关键：
布置场地时，社区工作者可以动员签到后的青少年和家长参与一些准备性的活动，如摆置桌椅、发放饮用水等。这既是与他们建立联系的过程，更是发挥他们能动性的过程，目的在于让参与的青少年及家长在行动中体验到参与和利他。

| 2 | 专家或社区工作者讲座 | 互动式讲解 | 电脑、《弟子规》讲座课件、音响、投影仪等 |

关于专家：专家可以是外请的传统文化的专家，也可以是民间传统文化的传承者。在资源有限的情况下，社区工作者也可以运用平时的积累，与社区志愿者一起，利用资料包的相关资料，当一回临时专家。

操作细节和关键：
（1）邀请传统文化的专家或传承者讲座时，要先了解其简历、讲座主题及内容、所需要的设备支持等。
（2）与讲座的专家沟通，请其在讲座中加入提问和讨论环节，并说明其重要性，如这是青少年沟通、互动的有利机会。互动在于增强双方的交流，有利于专家及时了解青少年对于典故的理解程度，同时也有利于增强青少年的参与性，促进其行动。
（3）讲座前的一或两天，再次与专家联系、沟通，以确保讲座如期进行。
（4）讲座开始时，对专家做简单介绍和欢迎，并做好组织、设备等方面的协助工作。

| 3 | 互动环节 | 提问、讨论 | 话筒、剧本、相应道具 |

操作细节和关键：
协助讲座专家展开提问环节，促进青少年互动、表达及学以致用。提问可以是：这个典故中有哪些道理值得我们学习？你是如何理解/评价这个典故的？

典故再现

步骤	内容	方法与形式	所需物资及资料包
4	典故再现	专家/社区工作者主持、青少年分组	情景安排、桌椅道具等
5	进行小组、团队建设，制定小组规范	分组、活动形式的团队建设、小组讨论	场地、大白纸、笔、活动桌椅 附件19：小组活动游戏参考 附件21：小组活动规范
6	小组典故再现计划	小组讨论：角色分工、剧本设计、排练等	附件22：小组活动计划
7	小组典故再现	分组展示	剧本、相应道具等

操作细节和关键：

（1）专家/社区工作者要向青少年具体说明典故再现的目的和意义。

（2）将典故分类，如孝敬长辈、亲近兄弟姊妹等；不同小组任选一个主题进行角色扮演，每组设有一名观察员。

（3）典故再现后，专家/社区工作者邀请组内观察者和其他小组进行点评，以促进青少年之间的互动，如"你觉得他们小组的展示表现了什么样的故事？""他们的展示对你有什么启示？"然后专家/社区工作者对小组展示内容进行再度阐述，以进一步强化青少年对传统文化的理解。

（4）布置作业：对由某个典故产生的启发进行实践，并且用图片或文字的方式记录，最终张贴于社区宣传栏。

（三）活动评估

步骤	内容	方法与形式	所需物资及资料包
1	青少年小组活动成员评估与反思	各小组分享交流、问卷评估	笔 附件29：活动评估问卷（青少年使用）

操作细节和关键：

（1）各小组间的分享交流是一种开放式的成效评估。社区工作者可以通过录像、拍照等方式，及时记录青少年分享的成果和收获，同时留存青少年各小组所准备的分享成果，以此作为活动成效的依据。

（2）通过问卷进行评估。

①社区工作者发放评估问卷，简单说明填写问卷的目的，请青少年完成。

②在问卷填写过程中，及时向有疑问的青少年进行解释、说明。

③若有低年级青少年参加，可以让其用拼音或绘画形式完成，也可以请家长志愿者、社区志愿者或者社区工作者协助完成。

④青少年完成评估问卷后，请及时回收问卷。

步骤	内容	方法与形式	所需物资及资料包
2	家长及志愿者评估	问卷评估、访谈	笔 附件30：活动评估问卷（家长使用） 附件31：活动评估问卷（志愿者使用） 附件32：家长访谈提纲 附件33：志愿者访谈提纲

操作细节和关键：

（1）请参与的家长和志愿者（包括家长志愿者和社区志愿者）在方便的时候完成评估问卷，并及时回收。

（2）若有可能，联系并以小组或个人访谈等形式，访问一些积极参与活动的家长和志愿者，并在征得他们同意之后，做好录音或文字形式的记录。

步骤	内容	方法与形式	所需物资及资料包
3	社区工作者评估	完成活动评估问卷，整理归纳各类活动资料，总结与分享	笔、笔记本、电脑、回收的各类评估问卷、访谈资料 附件34：活动评估问卷（社区工作者使用）

步骤	内容	方法与形式	所需物资及资料包
操作关键和细节： （1）关于整理归纳各类活动资料。 　　①需要整理归纳的资料：尽量分类整理问卷、照片、视频等资料，并标明日期与活动名称。 　　②可参考的归纳的方面：一是活动整体的效果；二是活动的内容和形式；三是活动的实施过程；四是从青少年自身、家长、志愿者和社区工作者的角度，归纳青少年在活动中的收获；五是家长、志愿者和社区工作者的收获；六是青少年、家长、志愿者和社区工作者对所收获的在未来的应用；七是社区工作者、志愿者在活动中的作用；八是活动过程中，链接资源的情况；九是对本次活动的具体建议；十是对活动的总结。 （2）关于总结与分享。 　　①选择合适的时间，社区工作者以座谈方式，分享活动评估结果并做进一步反思。 　　②特别并详细记录下活动成功的关键和需要改进的细节内容，以作为今后活动的重点参考。 　　③若有可能，邀请青少年、家长和志愿者代表参与活动总结和分享，集体讨论交流的同时，做好重点记录。			
4	撰写活动总结、简报或新闻稿	社区宣传栏、报纸或网络	活动总结稿、完成的简报或新闻稿

六、活动注意事项

（一）安全

要求：在活动中，要形成包括社区工作者、家长在内的安全保障小组，明确安全负责人，充分考虑安全隐患。

（二）活动组织与协调

要求：对于活动组织和协调中的原则、行动和注意事项，要进行具体、清晰的说明。

（三）其他

社区工作者根据所在社区的现实情况进行相应的补充。

第十二节　践行我们的价值观

一、活动名称

践行我们的价值观

二、活动背景和意义

青少年时期，是个人价值观、人生观形成的重要时期，正向、积极的价值观对青少年具有强大的指导性。社会主义核心价值观是社会主义核心价值体系最深层的精神内核，是现阶段全国人民对社会主义核心价值观具体内容的最大公约数的表述，具有强大的感召力、凝聚力和引导力。本活动旨在通过社会主义核心价值观的影响，帮助青少年树立正确、积极的价值观并在行动中得以体观。

三、活动理念和目标

（一）理念

感知社会和个人的价值观，践行价值观。

（二）总目标

通过社会主义核心价值观的影响，帮助青少年确立并践行正向的价值观。

（三）分目标

价值观大拍卖活动，帮助青少年更加明晰自己的价值观并去践行。

四、活动时间和地点

（一）时间

2016年7月25日

（二）地点

社区活动中心

五、活动流程

（一）活动准备

征集与确定活动主题

步骤	内容	方法与形式	所需物资及资料包
1	访问社区青少年及家长	随访，入户访问，访问居民微信群或QQ群，设立居民信箱，举行居民座谈会等	大白纸、笔、录音笔 附件1：青少年社区公益实践活动访谈提纲 附件2：青少年社区公益实践活动意见征集表
2	查阅社区资料	查阅以往社区精神文明建设活动的内容及组织情况	以往相关的社区活动资料、笔记本、笔 附件3：社区工作者可参考的青少年社区公益实践活动主题

设计活动计划

步骤	内容	方法与形式	所需物资及资料包
1	明确活动主题及内容	小组研讨，微信群或QQ群讨论	大白纸、电脑、笔记本、笔
2	形成初步的活动计划	1～2人总结，形成初稿	电脑、笔记本、笔 附件5：活动计划模板（参考） 附件6：社区工作者活动分工表（参考） 附件7：社区志愿者资源名录 附件8：社区社会资源名录 附件10：活动物资预算表（参考）
3	完善活动计划，明确分工	小组讨论	已形成的初步活动计划

宣传与招募

步骤	内容	方法与形式	所需物资及资料包
1	宣传	海报、宣传单张、LED大屏幕、居民楼书面通知、家庭微信群或QQ群等网络通知、楼长通知、电话通知等	制作各类海报或通知所需要的纸张、空间或经费等 附件11：各类活动宣传海报或单张模板
2	报名及整理	统计人数，联系确认	附件12—附件14：活动报名表（青少年及家长、家长志愿者、社区志愿者）

链接社会资源

步骤	内容	方法与形式	所需物资及资料包
1	联系各类资源（如学校、物业等），以获得支持	走访、电话、网络、微信或QQ群联系	附件7：社区志愿者资源名录 附件8：社区社会资源名录
2	确定活动的协助方或赞助方	当面或电话、电邮、微信或QQ群确认	电话、电脑

（二）活动实施

活动时间：2016年7月30日。

活动地点：社区活动中心。

活动内容：第一，学习、明确社会主义核心价值观。

第二，明晰青少年个人的价值观。

第三，青少年践行个人的价值观。

活动目的：了解社会主义核心价值观的内容，并弘扬和践行核心价值观。

互动式讲座＋体验性活动

步骤	内容	方法与形式	所需物资及资料包
1	布置场地及签到	分工合作，动员参加者加入	横幅、桌椅、麦克风、名签、笔等 附件15—附件17：活动签到表（青少年及家长、家长志愿者、社区志愿者）

操作细节和关键：

布置场地时，社区工作者可以动员签到后的青少年参与一些准备性的活动，如摆置桌椅、发放饮用水等。这既是与他们建立关系的过程，也是发挥他们能动性的过程。

2	专家或社区工作者讲座	互动式讲解	电脑、"社会主义核心价值观"讲座课件、音响、投影仪等
3	小组讨论与分享	讨论、大组分享 讨论可参考的议题：你对社会主义核心价值观中的哪些内容印象深刻？请举例说说你对某个价值观的理解？	大白纸、彩笔、麦克风等

操作细节和关键：

（1）社区工作者协助讲座专家或自己组织青少年进行小组讨论，促进青少年认知并理解社会主义核心价值观。

（2）社区工作者带领小组在讨论后进行大组分享。

续表

步骤	内容	方法与形式	所需物资及资料包
4	展现生活中的价值观	生活情景剧	情景剧所需的物资或道具

操作细节和关键：

（1）社区工作者请每个小组自行选择一个价值观作为主题，设计体现主题价值观的生活情景或活动。

（2）情景剧之后，社区工作者带领小组分享，如活动中的感受如何，活动之后对这一主题的价值观有怎样的理解，今后生活中会做哪些事情去实现这一价值观等。

青少年价值观拍卖活动＋践行活动

步骤	内容	方法与形式	所需物资及资料包
1	活动简介	短讲	短讲内容的文字稿或课件、宽敞及有活动桌椅的场地

操作细节和关键：

主要介绍活动的主题、内容、形式、参加的人员、时长和注意事项等。

| 2 | 发现自己的价值观 | 价值观大拍卖 | 大白纸、价值观列表、拍卖槌、游戏钱币、彩笔、马克笔、磁贴等 |

操作细节和关键：

（1）为价值观拍卖活动准备充分的物资。

（2）熟悉价值观拍卖活动：准备好价值观列表，并将每个价值观写在彩色的纸板上。社区工作者发放给每个参加拍卖活动的青少年总价为1万元的游戏纸币（面值5000元、2000元、1000元、500元不等）。社区工作者主持拍卖：每个人可以选择自己看重的价值观，并提出竞买价格，叫价高者获得自己看重的价值观。

| 3 | 青少年小组讨论分享 | 讨论分享 | 大白纸 |

操作细节和关键：

社区工作者带领青少年讨论，澄清自己的价值观。可参考的议题：拍卖的过程中，个人的心情如何？争取得来的是否是自己最想要的？和大家分享一下自己的价值观。

步骤	内容	方法与形式	所需物资及资料包
4	践行价值观	个人计划	

操作细节和关键：

社区工作者带领青少年设计个人价值观的践行计划。

（1）通过价值观拍卖活动，请青少年清晰自己的价值观。

（2）请青少年根据个人的价值观，在所居住的社区或所在的学校做一件体现自己价值观的事情，并记录自己的所思、所做及所感。

（3）邀请参加的青少年选择一个合适的时间进行分享与交流。

步骤	内容	方法与形式	所需物资及资料包
5	分享个人的实践活动	分享交流	每个人的活动记录

操作细节和关键：

（1）社区工作者要为分享做好活动准备。

（2）社区工作者带领分享时，可以引导青少年进一步思考：我个人的社区行动是否体现出自己的价值观？我还能继续做些什么以践行自己的价值观？

（三）活动评估

步骤	内容	方法与形式	所需物资及资料包
1	小组活动成员评估与反思	各小组分享交流、问卷评估	笔 附件29：活动评估问卷（青少年使用）
2	家长及志愿者评估	问卷评估、访谈	笔 附件30：活动评估问卷（家长使用） 附件31：活动评估问卷（志愿者使用） 附件32：家长访谈提纲 附件33：志愿者访谈提纲
3	社区工作者评估	完成活动评估问卷、整理归纳各类活动资料、总结与分享	笔、笔记本、电脑、回收的各类评估问卷、访谈资料 附件34：活动评估问卷（社区工作者使用）
4	撰写活动总结、简报或新闻稿	社区宣传栏、报纸或网络	活动总结稿、完成的简报或新闻稿

六、活动注意事项

（一）安全

要求：在活动中，要形成包括社区工作者、家长在内的安全保障小组，明确安全负责人，充分考虑安全隐患。

（二）活动组织与协调

要求：对于活动组织和协调中的原则、行动和注意事项，要进行具体、清晰的说明。

（三）其他

社区工作者根据所在社区的现实情况进行相应的补充。

第六章

青少年社区公益实践活动资料包

附件1：青少年社区公益实践活动访谈提纲

1. 访谈对象。

社区青少年、家长及青少年的祖辈。

2. 访谈内容。

（1）您对哪些社区公益实践活动感兴趣？

社区关怀：关怀老人、关怀经济困难家庭、家庭互助、青少年互助等。

社区安全：基本安全、青少年假期安全等。

社区环保：社区清洁、低碳环保、垃圾分类等。

社区建设：社区文化建设、社区家庭建设、青少年绿色上网等。

社区教育：传统文化、爱国主义、心理健康、人际关系（如同伴关系、亲子关系等）。

（2）您喜欢什么形式的社区公益实践活动？

互动式讲座、团队活动、社区集体活动等。

（3）您希望社区对青少年开展哪些内容和形式的公益实践活动？

（4）您对青少年社区公益实践活动有什么建议？

_____社区居委会

附件2：青少年社区公益实践活动意见征集表

本意见征集表旨在了解你对社区公益实践活动的想法和需求，请在符合你实际情况和想法的选项上画"√"，并写出一些你的信息、想法和建议。这将作为社区工作者开展活动的现实依据。这将促进社区开展更符合青少年需求和意愿的公益实践活动。谢谢合作！

年龄：_____性别：_____

角色（在符合的选项上画"√"）：青少年、家长、祖辈

请在以下符合你的想法的选项上画"√"，可以多选，之后将所选择的项目根据由强到弱的感兴趣程度排序。

1. 你对以下哪些社区公益实践活动感兴趣？

（1）社区关怀：关怀老人、关怀经济困难家庭、家庭互助、青少年互助等。

（2）社区安全：基本安全、青少年假期安全等。

（3）社区环保：社区清洁、低碳环保、垃圾分类等。

（4）社区建设：社区文化建设、社区家庭建设、青少年绿色上网等。

（5）社区教育：传统文化、爱国主义、心理健康、人际关系（如同伴关系、亲子关系等）。

（6）其他。

*请将所选项目根据由强到弱的感兴趣程度排序：_____。

2．你喜欢什么形式的社区公益实践活动？

（1）互动式讲座。

（2）团队活动。

（3）社区集体活动。

（4）其他。

*请将所选选项根据由强到弱的感兴趣程度排序：_____。

3．你希望社区开展哪些内容和形式的青少年公益实践活动？

4．你对青少年社区公益实践活动还有哪些具体建议？

_____社区居委会

附件3：社区工作者可参考的
青少年社区公益实践活动主题

1. "迎新春 送福字 育少年"主题实践活动。

2. "红红火火过大年 爱心送福到千家"主题实践活动。

3. "爱心洒社区 青春暖夕阳"主题实践活动。

4. "我是控烟小卫士"主题实践活动。

5. "垃圾分类我先行 争当环保小卫士"主题实践活动。

6. "小手拉大手 共创文明区"主题实践活动。

7. "做讲文明懂礼貌的好少年"主题实践活动。

8. "创文明城区 文明养犬 从我做起"主题实践活动。

9. "我的中国梦 我的小区美"主题实践活动。

10. "同创文明城区 共建和谐家园"社区消夏联欢。

11. "青少年消防安全知识讲座"。

12. "欢欢喜喜过大年 文明燃放要遵守"美术设计展及宣传实践活动。

13. "反暴力 讲法制"青少年星光自护大讲堂。

14. "民族情 中国梦"悦读活动。

15. "传承国学文化 共建中文底蕴"青少年假期大讲堂。

16. "诵读国学经典 争做美德少年"主题演讲实践活动。

17. "诵读国学经典 凝聚中华梦想"暨"中国文化交流大讲堂"。

附件4：政府、街道及学校相关的
政策文件及倡导

政府工作报告——2015年3月5日在第十二届全国人民代表大会第四次会议上

三、2011年重点工作

（七）切实保障改善民生，加强社会建设。

加强和创新社会治理。推进城乡社区建设……支持专业社会工作、志愿服务和慈善事业发展。

国务院办公厅关于印发国家标准化体系建设发展规划（2015—2020年）的通知

标准是经济活动和社会发展的技术支撑，是国家治理体系和治理能力现代化的基础性制度。

三、重点领域

（二）加强社会治理标准化，保障改善民生。

专栏4　社会领域标准化重点

基本社会服务

制定和实施妇女儿童保护、优抚安置、社会救助、基层民主、

社区建设、地名、社会福利、慈善与志愿服务、康复辅具、老龄服务、婚姻、收养、殡葬、社会工作等领域标准，提高基本社会服务标准化水平，保障基本社会服务的规模和质量。

2015年1月26日，民政部通报我国社会工作发展情况和2015年工作重点

一是我国专业社会工作发展情况。（三）社会工作服务平台不断拓宽。截至2014年底，各地在相关事业单位、城乡社区、社会组织开发设置了11.39 万个社会工作专业岗位……（四）社会工作服务成效日益显现。近年来，民政部联合财政部、司法部、共青团中央等部门和群团组织在社区建设……青少年事务等领域探索使用社会工作专业人才、开展专业社会工作服务。

二是2015年社会工作重点。（二）探索两项机制。即引导更多地区探索建立社区、社会组织和社会工作者"三社联动"和社会工作者、志愿者（又称义工）"两工互动"机制，以社会工作者为引领，以志愿服务记录制度和信息系统建设为抓手，扎实推进志愿服务，为激发社会活力、扩大社会参与、完善社会服务、促进社会治理提供重要支撑。

2015年10月22日，民政部部长在全国社区社会工作暨"三社联动"推进会上的讲话——《加快发展社区社工工作，努力开创"三社联动"新局面》

"三社联动"是发展社区社会工作创造的新机制，通过近年来的实践探索，得到了重要启示：必须建构以党委政府为统领、民政部门为主导，相关部门和群团组织协同配合，社区组织和居民大力支持，高校、企事业单位、社会组织、志愿者等多方力量广泛参与

的社区社会工作发展格局。必须聚焦社区需求、瞄准社区问题，策划实施社区社会工作服务项目，开展社区社会工作服务活动，让广大群众从中获得更多的实惠、更温暖的关怀；必须突出专业引领、加强融合创新，将专业社会工作有机融入社区治理和服务的各个方面、各个环节之中。

当前和今后一个时期，要按照"四个全面"战略布局的总体要求，以广大人民群众的根本利益为中心，以创新机制、完善平台、强化保障为重点，以社区、社会组织、专业社会工作协同发展为基础，不断加快"三社联动"步伐，为创新基层社会治理、完善社区服务体系、巩固党执政基础提供有力支撑。

要将专业社会工作嵌入社区组织和社会组织之中，支持专业社工协助政府和社区做好评估群众需求、指导服务规划、组建服务团队、链接服务资源、实施服务项目等工作，为社区群众提供心理疏导、精神抚慰、关系调适、社会融入等专业服务，提升社区治理与服务的专业化水平。

北京市海淀区校外教育"十三五"规划建议

四、海淀区校外教育工作项目建议

1. 提出双联动理念，建造海淀区"一带一路"育人的基础设施：路——为全体未成年人打造幼、小、中、大教育自然衔接路；带——为学生全面而有个性的发展编织社区、家庭、学校、场所、网络相融合育人的五彩（色）带。

2. 实施校内外教育衔接的"彩虹大厦"育人行动：实践课程、快乐护照、幸福社区、伙伴网络、成长校园。

3. 推出校内外融合的"金花育人平台"：动力课程、魅力社团、活力展台、聚力科研、绚丽花朵。

4. 创建校外教育联盟，形成定期轮庄（主持或者承接）交流展示制度的"流动课堂"，通过现场体验活动、专项研讨活动、成果发布活动等，让校外机构和师生、家长一起走进资源单位，了解、发现、体验、研究、成长。

5. 推动具有海淀特色的"学习一卡通"，建立人才"成长银行"。打通所有校内外学习机构的限制，一卡通行，同时能有效记录学生学习成长足迹，每项学习均能计分、晋级等，并与北京市学生电子成长档案挂钩。相应级别就能获得相应特权和奖励，实现终身学习的系统跟踪。

6. 举办中国中关村科技文化节、海淀区学生文化节、现代家庭成长文化节等专项专题会议活动，推动校内外教育融合，引领全民学习……

学校以书信的形式向家长发出倡导，以此促进家庭—学校—社区的联动

致全区中小学生家长的一封信

尊敬的家长：

您好！目前中小学就要放暑假了，为了确保您的孩子在暑假期间的交通安全，请您协助我们做好以下工作：

一、您是孩子最敬重、最信赖的师长，因此，希望您成为孩子遵守交通法规的楷模，在日常的交通行为中用您模范遵守交通法规的行动来教育、影响孩子，帮助孩子掌握一些交通安全方面的常识，使他不断提高自我保护能力和安全意识。

二、每天教育督促您的孩子一定要安全出行。如果您的孩子不满十二周岁，请不要让他骑自行车上路。交通法规允许骑车上路的孩子，您也要教育他不要骑车带人、不要斜穿猛拐或走机动车道等。步行过马路要走人行横道、过街天桥或地下通道。

三、放假期间，您如果驾驶车辆带着您的孩子外出旅游，要中速行驶、安全礼让。杜绝酒后驾车、闯红灯、超速行驶、疲劳驾驶等严重交通违法行为。教育您的孩子不要将身体的任何部位伸出车外，以免发生危险。

四、开学后，如果您开车接送孩子上下学，请务必规范您的停车行为，不要乱停乱放，即送即走，即接即走，为学生的出行安全自觉遵守交通法律法规。

五、在暑假期间对孩子加强食品安全教育，教育孩子不要到无证无照的餐饮场所就餐，不食来历不明的可疑食品。增强孩子食品安全防范和自我保护意识。

六、注意个人卫生，勤洗澡，预防疾病发生。

祝您的孩子暑假愉快！

××区教委安全委员会

××区××小学

××年6月15日

学校致家长的一封信

尊敬的家长：

您好！暑假即将到来，根据教委的安排，学校将于××年7月11日至××年9月6日正式放暑假。××年9月7日开学。暑假期间，我们邀请家长，一起协助孩子们做一些有意义的社会实践活动：

活动一："红领巾相约六少会"社区志愿服务活动（1～5年级参加）

××年10月，××区将隆重召开第六次少先队员代表大会，少先队号召少先队员利用暑假开展宣传实践活动。通过假日小队的方式了解家庭、社会、国家发生的变化，为他人和社区做一件力所能及的公益事情。

具体要求：

（1）以同一小区或邻近小区的3～6人为一组（可不同年级、不同班级），在小区内开展活动。

（2）活动前，要提前与社区居委会取得联系，要对活动进行设计并进行分工，确定好活动时间和地点。

（3）邀请自己的家长作为志愿者参加，可负责活动安全及照相工作。

（4）活动过程中要进行记录，活动结束后要及时整理汇编小队成果册，成果册包括以下内容——队名、队徽、活动照片、活动收获（文字、图片等形式）、家长建议等，要求图文并茂，页数和纸张的大小由小队成员自行进行设计。

（5）小队活动的精彩照片可同时上传到×××@163.com邮箱中，注明班级、小队名称、队员姓名。

活动二：积极参加各社区组织的活动，如七月上旬××社区的

"弘扬传统文化　培育爱国情怀"、7月16日××社区的"勿忘国耻　圆梦中华"、7月下旬××社区的"诵读国学经典　凝聚中华梦想"等活动，具体时间请同学们注意社区海报或通知的时间，其他社区活动请主动询问所属社区并积极参加。活动后请填写《××—××学年××小学社区志愿服务活动记录表》（见附录一），请所在居委会盖章确认。返校时将记录表和图文并茂的活动成果交到学校。

活动三：积极参加北京市数字德育网××年暑假"网络征文"活动（1~5年级参加）。请同学们认真阅读《北京市数字德育网××年暑假"网络征文"活动》（见附录二），根据要求按时上传活动成果。

附录一

××—××学年××小学社区志愿服务活动记录表

亲爱的同学们，请积极参加暑期各社区组织的活动，并认真完成以下记录表。提示：开学前将活动照片（3~5张）上传到×××@163.com邮箱中，注明班级、姓名。活动记录表于返校时交到学校。

所在中队		姓名	
所在社区			
活动主题			
活动内容及步骤			
个人收获			
家长评价			
社区评价			盖章： 年　月　日

附录二

北京市数字德育网××年暑假"网络征文"活动

亲爱的同学、老师、家长们，大家好！

"专家、学生、教师、家长在线互动交流"以及"我爱征文，我荐书"等栏目自开办以来，深受广大师生欢迎和喜爱。即将到来的暑假，北京市中小学数字德育平台将继续开展在线交流和征文活动。上学期我校有很多同学和家长自觉参加了活动，共有13人分获一、二、三等奖。这次我们继续保留成人参与的栏目，希望师生和家长们积极投稿，热心参与，真诚交流。请大家一定注意今年暑假"网络征文"的主题！活动具体要求如下，请仔细阅读！

活动栏目	活动时间	活动内容	注意事项
"假期安全，我快乐"专家答疑专栏	7月12日至9月10日	1. 学生、教师、家长根据栏目主题随时网上提问，专家集中解答。 2. 交流平台登录网址：http://58.118.0.152。 3. 后续查看历史问答登录网址：http://moral.bjedu.cn/>>青少年与法>>2016暑假专版>>假期安全 我快乐。	登录前需中文注册，填写真实的姓名、年级、学校。如果遇到重名不能注册的，可以在姓名后加数字再注册，注册登录后进入论坛在线交流；如果不需交流，可以直接点击"游客进入"。

续表

活动栏目	活动时间	活动内容	注意事项
"我爱征文，我投稿"	7月12日至9月10日	1. 《弟子规》是我国古代最早的一本蒙学教材，它对蒙童的日常言行与品质做出了严格规定，是中华优秀传统文化在儿童教育中的集中体现。它列述弟子在家、出外、待人、接物与学习上应该恪守的守则规范。其中记录了孔子的108项言行，共有360句、1080个字，三字一句，两句或四句连意，合辙押韵，朗朗上口。请同学们和教师、家长共同阅读，并选择《弟子规》中最有感触的一句话，写一篇读后感。 2. 学生、教师、家长可以对栏目中的文章进行评议，在留言簿留言。 3. 海淀教委负责对师生征文作品进行评审，评出一、二、三等奖，颁发奖品。 4. 登录网址：http://58.118.0.160/或http://moral.bjedu.cn/>>青少年与法>>2016暑假专版>>我爱征文，我投稿。	小学生征文字数要求500字左右，中学生800字左右，教师、家长征文作品字数要求1000字左右。作品严禁抄袭。 进入"我爱征文，我投稿"栏目后，点选上方的"我要参与征文"，即可发布新帖。待信息管理老师审批后，所发文章才能显示于网上，请大家耐心等待，不需要重复发帖。要求参与者用真实姓名登录，不要使用网名。信息不全或用网名登录者，不予评奖。登录方式：首次登录，海淀学生以学籍号激活方法进行注册，密码自行设定，身份选择为"学生"；海淀家长采用已激活的学生学籍号登录，身份选择"家长"；海淀教师及其他区县师生、家长用真实的姓名、学校名注册后登录，不要使用网名。 每位参与者限投一篇文章，详情请参看网站通知。

附件5：活动计划模板（参考）

一、活动计划名称

要求：写清楚活动计划名称，简单明了，突出活动主题，如"×××活动计划"，防止出现模糊标题。

二、活动背景和意义

要求：活动背景、活动目的和活动意义要贯穿一致。活动背景要求紧扣时代背景、社会背景和教育背景，鲜明体现在活动的主题上；活动目的就是活动所要达到的目标，陈述时要简洁、具体；活动意义包括教育意义、文化意义和社会意义等，总之要突显活动主题产生的效果或影响，陈述时要明确、具体、到位。

三、活动理念和目标

要求：活动理念是活动的精神和价值观体现，要深刻鲜明、言简意赅，如"关爱生命、绿色成长"等。活动目标，分为总目标和分目标：总目标是整体活动要实现的目标（类似于前面内容中提到的活动目的），体现活动理念，要简明、具体，如增强青少年对生命的关注和关爱；分目标是总目标下的子目标，也是各系列活动的目标，要求具体而清晰，如增强青少年对所生活社区的认识和关爱。

注意：活动理念和活动目标要通过活动方式落实，体现生活化、活动性和实用性。

四、活动时间和地点

要求：详细写出活动的时间和地点，明确告诉活动对象具体的活动时

间和地点；要详细考虑到场地、时间等各种客观情况的安排。

五、活动流程

要求：此部分是活动计划的主体，表达要具体详细，不仅仅局限于文字表达，也可运用图标等形式。总之，要一目了然，符合活动流程的逻辑。

活动流程主要包括三个步骤：

（一）活动准备

包括确定主题、宣传与招募、组织分工、链接社会资源、预算经费（要结合实际，细化每一笔预算支出）、应急预案等。

（二）活动实施

包括活动的具体形式、实施的具体步骤和内容、所需的物资等。

（三）活动总结

包括对活动成果及收获的分享与建议，对活动内容及形式的评估与反思等。

六、活动注意事项

（一）安全

要求：对于户外活动，要形成包括社区工作者、家长在内的安全保障小组，明确安全负责人，充分考虑安全隐患。

（二）活动组织与协调

要求：对于活动组织和协调中的原则、行动和注意事项要进行具体清晰的说明。

（三）其他

主要指社区工作者根据所在社区的现实情况进行的补充。

主办单位：

协办单位：

赞助单位：

日期：

附件6：社区工作者活动分工表（参考）

负责人	工作内容	负责时间	注意事项
张×× 李××	1．形成初步的活动计划并修订 2．活动组织和实施 3．活动评估	1．在宣传和招募之前的一个月至半个月，形成初步的活动计划并完成修订 2．活动组织、实施到结束的整个时间段 3．活动刚结束，对参与者做评估；活动结束后的一周左右，做整体评估	1．小组讨论后，要尽快拟订初步的活动计划，以便再讨论、修订和确定 2．活动方案在组织和实施中，要根据现实情况弹性调整 3．对活动参与者和社区工作者的评估必不可少，要掌握好时间点
王××	宣传和人员招募 活动拍照、摄像及撰写新闻稿	1．宣传和招募3～5天 2．活动过程中，即时拍照、摄像 3．活动结束后3～5天内，撰写新闻稿	1．掌握好宣传和招募的时间 2．提前准备、调试好各类拍摄器材
赵××	活动物质准备及链接资源	活动计划确定后开始准备，在活动开始前的一天准备完全并检查准备情况	及时核对活动物资清单，与资源提供方保持联系
刘××	活动中的安全维护、应急情况处理	1．关注活动前场地、物资等的安全，活动中的人员、物资等各类安全 2．负责调动其他社区工作者一起应对紧急情况	1．强调参与者注意安全的同时，调动家长或者志愿者协助维护安全 2．在熟悉应急预案的同时，灵活应对可能出现的紧急情况，调动现场的各类资源是很必要的

_____社区居委会

附件7：社区志愿者资源名录

姓名	性别	年龄	所在单位	志愿服务的内容	联系方式 （电话或电邮）

_____社区居委会

附件8：社区社会资源名录

资源单位名称	地址	可能提供的资源（人、财、物等）	联系人	联系方式（电话或电邮）

_____社区居委会

附件9：活动应急预案模板

可能出现的应急情况	主要负责人	应对的方法或措施	所需的物资或资源

_____社区居委会

附件10：活动物资预算表（参考）

活动物资	数量	单价（元）	总额（元）	合计（元）
横幅				
笔				
大白纸				
纪念品				
饮用水				
复印费				
打印费				
其他（请注明）				

_____社区居委会

附件11：各类活动宣传海报或单张模板

活动简介：本次活动是社区组织的假期青少年公益实践活动，也是永泰小学的暑期校外社会实践活动。青少年参加这样的活动，既能为社区和他人做些力所能及的事情，又能培养提升责任感、沟通能力、领导能力和创新能力等核心素养，还能积极完成学校的暑期任务。何乐而不为呢！

活动主题：社区是我家 行动靠大家

活动形式：丰富的青少年小组活动+社区行动

活动时间：××年7月15日—××年7月25日（具体时间以大多数人可参加的时间为准）

活动地点：学校及社区

报名对象：6~18岁的青少年，家长志愿者，社区志愿者

报名时间：××年7月1日—××年7月7日

报名方式：*电话：010-12345678

*电邮：1234@163.com

*微信公众号：12345

*现场：永泰小区1号楼1单元1门社区居委会办公室

社区居委会

社区关怀
（如"尊老敬老"）

关心是一种奉献；关心是一种美德。
让我们从一点一滴的生活小事做起，
学会关心，学会做人。

活动简介：

活动主题：

活动形式：

活动时间：

报名对象：

活动地点：

报名时间：

报名方式： *电话：

*电邮：

*微信公众号：

*现场：（注明地址）

＿＿＿＿社区居委会

尊老，

从心开始。

社区环保
（如"我是环保小卫士"）

我的一份力，地球多一抹绿色；
我的一颗心，世界多一处光亮。

活动简介：

活动主题：

活动形式：

活动时间：

活动地点：

报名对象：

报名时间：

报名方式： ＊电话：

＊电邮：

＊微信公众号：

＊现场：（注明地址）

_____ 社区居委会

绿色地球　绿色家园

社区安全
（如"绿色社区、消防安全"）

119 消防安全

安全通道
EXIT

活动简介：

活动主题：

活动形式：

活动时间：

活动地点：

报名对象：

报名时间：

报名方式：*电话

*电邮

*微信公众号

*现场：（注明地址）

_____ 社区居委会

273

社区成长
（如"绿色社区、健康上网"）

绿色上网

健康生活

活动简介：

活动主题：

活动形式：

活动时间：

活动地点：

报名对象：

报名时间：

报名方式： *电话：

*电邮：

*微信公众号：

*现场：（注明地址）

_____社区居委会

附件12：活动报名表
（青少年及家长）

青少年姓名	性别	年龄	家长姓名	联系方式	可以参加活动的时间段（××年××月××日上午或下午××时至××时）

_____社区居委会

附件13：活动报名表
（家长志愿者）

姓名	性别	联系方式	能够提供的志愿服务内容和方式	可以参加活动的时间段（××年××月××日上午或下午××时至××时）

_____社区居委会

附件14：活动报名表
（社区志愿者）

姓名	性别	联系方式	能够提供的志愿服务内容和方式	可以参加活动的时间段（××年××月××日上午或下午××时至××时）

_____社区居委会

附件15：活动签到表
（青少年及家长）

青少年姓名	性别	年龄	家长姓名及身份 （父、母、祖辈）	联系方式

_____社区居委会

附件16：活动签到表
（家长志愿者）

姓名	性别	年龄	联系方式	提供的志愿服务内容和方式

_____社区居委会

附件17：活动签到表
（社区志愿者）

姓名	性别	年龄	联系方式	提供的志愿服务内容和方式

_____社区居委会

附件18：引领性提问一

1. 听完这个小组分享的成果和收获，其他小组会在哪些方面给该小组点赞？

2. 其他小组受到了什么启发或学习到了什么？

3. 如果给分享的小组提出一些建议的话，具体有哪些？

附件19：小组活动游戏参考

☆ 游戏一：捉虫虫

场地： 室内或室外。

人数： 20～40人。

时间： 5～10分钟。

目的： 热身，建立团队气氛。

游戏方法：

1. 组员站立围成一圈。

2. 每人向左右伸出手，左手握拳竖起拇指，右手拇指食指连成一个圆圈并套在右边组员的拇指上。

3. 主持人诵读一篇文章，当文章出现某一特定字眼（如"一"）时，右手要快速捉住右边组员的拇指，左手则要避免被人捉住。

注意事项：

1. 此游戏多鼓励组员及时反应。

2. 文章应该选择富有趣味性的，指定字眼可多于一个，可以把组员的姓氏作为"捉虫虫"的提示。

3. 如果现场没有合适的文章，主持人可以即兴说一段话并且指定某一个字。

参考文章：

儿子看见一颗有三粒花生米的花生，他便将自己变成其中的一粒花生米。有一只鸟飞过来把花生吃了。有一只猫又把鸟吃了。有一只狗来把大猫吞下。过了一会儿，那只狗又给一条大蟒蛇吃了。那条大蟒蛇吃饱后爬到池塘边，不幸跌进一个大渔网里。这时，父亲出来寻找儿子，到处寻不见。他看见大渔网里有东西，便将渔网拖回岸边。他发现渔网里有条大蟒蛇，他将大蟒蛇杀掉，发现有只狗在里面，在狗里面他看见有一只猫，在猫里面发现有一只鸟，在鸟里面他拾起花生，当他把花生壳打开，他看见了自己的儿子。儿子这时已吓呆，从此以后再不敢淘气了。

——选自《幼师育乐营游戏手册》

☆　游戏二：人名串串烧

场地： 室内或室外。

人数： 20～40人。

目的： 相互认识，活跃气氛。

游戏方法：

1. 组员包括主持人围成一圈，一圈20人左右，根据总人数可以分成小组。

2. 主持人介绍游戏规则：

（1）每个人先说出自己的名字。

（2）由任何一人开始，说自己的名字，如"我是张三"。

（3）从右（左）边起，下一个人要说"我是张三左（右）手边的李四"，依次进行，直到最后一名成员介绍完所有的成员名字再介绍自己的名字，方才结束。

增加趣味性：

不仅要说出自己的名字，还要加上一个形容词或者自己的爱好，如"我是爱打篮球的张三""我是帅气的李四"；下面一个人要说出这些形容词或爱好，如"我是爱打篮球的张三右手边的爱看书的王五"。

☆ **游戏三**：大风吹

场地：室内。

人数：20~40人。

目的：热身、活跃团队气氛。

游戏方法：

1. 将椅子围成一圈，要求椅子的数量比参加游戏的人数少一个。

2. 有一个人站在圆圈中间，其余的人分别坐在不同的椅子上。每张椅子只能坐一人。

3. 站在中间的人，说"大风吹"，坐着的人就问"吹什么"（同时要做"风吹"的手势）。如果他说"吹穿短袖的人"，那么穿短袖的人必须起来换位置。换位置时不能两人持续互换。

4. 没有抢到位置的人要成为新一轮的"站在圆圈中间的人"，开始下一轮的游戏。

5. 三次没有抢到座位的人，需要给大家表演一个节目，也可以邀请在座的人一起做即兴表演。

注意事项：

1. 强调在游戏中的安全，避免摔倒或碰伤。

2. 连续几次被吹到的人可能会有压力，社区工作者在带领时需要说明：这是一个自我展示的机会，游戏的目的在于热身和建立小组气氛，并且鼓励组员为"连续几次被吹到的人"加油，如"×××，你真棒！"

增加趣味性：

将大风吹换成小风吹，交换位置的人则正好相反，如站在中间的人说的是"吹穿短袖的人"，那么"没有穿短袖的人"则要起来换位置。其余规则一样。

附件20：小组建立

（在小组形成过程中，可以让每个小组用大白纸或小彩旗、彩笔等完成以下内容，再进行大组展示）

我们的小组名称和标志：

我们的口号：

我们的组长和组员：

我们的小组亮相姿势（现场展现）：

附件21：小组活动规范

小组活动规范是小组成员经过集体沟通、讨论以后，形成的大家共同认可、共同遵守的行为规则和行动方式。它是小组成员共同的约定，帮助小组成员有序、顺利地实施计划、开展活动。

小组活动规范：

1. _____
2. _____
3. _____
4. _____
5. _____
6. _____
7. _____
8. _____

小组成员签名：

附件22：小组活动计划

一、活动计划名称

要求：清楚、简单、明了地写出活动计划，突出活动主题，如"×××活动计划"。

二、活动目标和意义

要求：活动目标是活动想要实现的结果，可以分为总目标和分目标。总目标是整体活动要实现的结果，比较概括。分目标是活动要实现的具体结果，可以包括多个。活动意义主要体现的是活动的作用和价值。活动目标和意义的陈述，清晰、简明、具体即可。

三、活动时间和地点

要求：详细写出活动的时间、地点，并明确写出时间、场地等方面的安排。

四、活动步骤

要求：这是活动计划的重点，表达要具体、详细、清楚；不局限于文字表达，可以运用图表等形式。活动步骤主要包括以下三个方面。

（一）活动准备

包括确定活动的主题、内容与形式、组织分工（见附表一）、需要的社会资源、可能出现的问题及应对措施等。

附表一

小组成员分工表

组名	
小组成员	
小组长	负责联系、协调、组织组员一起行动；与社区工作者保持联系。
宣传员	负责小组的宣传，如拍照、摄影。
文秘	负责组织小组活动整个过程的记录工作，如小组口号、小组计划、小组成员的收获等。
大管家	负责保管、分发本组的物资。
说明	1. 每个成员都是小组的一分子，在小组中都要有所担当。 2. 每个不同的角色，由小组成员根据组员的特长和意愿，选举产生。 3. 不同的角色负责召集、组织相对应的事务，具体事情需要组员一起完成。 4. 小组成员团结协作，就会形成很棒的小组计划，而且有可能成功地开展。

（二）活动实施

包括活动实施的具体步骤和内容、所需的资源及物资、注意事项等。

（三）活动总结

包括对活动过程及收获的分享与建议，对活动内容及形式的总结与反思等。

五、活动注意事项

包括活动中的安全、成员沟通、小组成员觉得需要注意的其他方面等。

附件23：引领性提问二

1. 听完报告小组的活动计划之后，其他小组会在哪些方面给该小组点赞？

2. 其他小组受到了什么启发或学习到了什么？

3. 如果给报告小组的活动计划提出建议的话，具体有哪些？

附件24："且行且收获"小贴士

♥ 亲爱的伙伴们：

　　大家好！很高兴能够相识并建立了小组团队。看到大家能够积极互动，并且通过脑力激荡，形成各有特色的小组计划，我们很是欣慰！再看到大家相互分享计划、热情点赞、真诚建议，欣慰之余更是欣赏和感动！在这里为每一位积极参与的伙伴大大地点赞！ 👍

　　活动计划是每个小组的行动蓝图，我们相信大家会再接再厉！同时也给大家一个温馨的小贴士，希望它陪伴着大家，顺利、成功地完成各自的小组计划。

安全与沟通

1. 在活动实施过程中，请大家务必注意安全，请小组的伙伴们一起行动，不要单打独干。

2. 在活动实施过程中，请大家相互多沟通；出现不同想法时，及时并积极表达，避免相互指责和埋怨；相互尊重的同时尽可能求同存异。

3. 当小组遇到一些问题，组员尝试共同解决的同时，也要及时与社区工作者、家长志愿者及其他志愿者联络、沟通。

形成活动成果及收获——这是小组经历共同行动及收获的过程，如同秋季的"丰收"

1. 时间：在活动实施后的1~2周，小组自行安排时间讨论完成。

2. 形式：可以多样，如文字、图片、团队海报、绘画或情景剧等。

我们的联系方式：

电话：

电邮：

微信：

附件25：引领性提问三

1. 根据各小组的活动成果，大家想一想联展的主题是什么，联展的目的是什么？

2. 活动主题及介绍等用怎样的语言表达或陈述，更容易吸引社区居民的关注和参与？

3. 如何运用各小组的活动及成果，在社区做一个集体展示？可实现联展活动的具体形式有哪些？

4. 在联展活动中，各小组的分工是怎样的？

附件26：小组联展计划模板

一、联展活动名称

要求：写清楚活动名称，简单明了，突出活动主题。

二、联展活动目的和意义

联展活动目的指联展活动想要实现的方向和结果。联展活动意义主要体现的是联展活动的作用和价值。活动目的和意义的陈述，清晰、简明、具体即可。

三、联展活动时间和地点

要求：详细写出活动的时间、地点，并明确写出时间、场地等方面的安排。

四、联展活动步骤

要求：这是联展活动计划的重点，表达要具体、详细、清楚；不局限于文字表达，可以运用图表等形式。联展活动步骤主要包括以下三个方面。

（一）活动准备

包括确定联展活动的主题、内容与形式、组织与分工、需要的社会资源、可能出现的问题及应对措施等（见附表二）。

附表二

活动准备一览表

活动主题		
内容与形式	内容	
	形式	
组织与分工	负责人	
	负责内容及注意事项	
需要的社会资源	社区工作者提供的	
	青少年小组自己寻找到的	
可能出现的问题		
应对措施		

（二）活动实施

包括活动实施的具体步骤和内容、所需的资源、注意事项等。

（三）活动总结

包括对活动过程及收获的总结与反思等。

五、联展活动注意事项

包括在活动中的安全、成员沟通、各组成员觉得需要注意的其他方面等。

附件27：社区大型活动计划模板

一、大型活动名称

要求：写清楚活动名称，简单明了，突出活动主题。

二、大型活动目的和意义

大型活动目的指大型活动想要实现的方向和结果。大型活动意义主要体现的是大型活动的作用和价值。活动目的和意义的陈述，清晰、简明、具体即可。

三、大型活动时间和地点

要求：详细写出活动的时间、地点，并明确写出时间、场地等方面的安排。

四、大型活动步骤

要求：这是大型活动计划的重点，表达要具体、详细、清楚；不局限于文字表达，可以运用图表等形式。活动步骤主要包括以下三个方面。

（一）活动准备

包括确定大型活动的主题、内容与形式、组织与分工、需要的社会资源、可能出现的问题及应对措施等。

活动准备一览表

活动主题		
内容与形式	内容	
	形式	
组织与分工	负责人	
	负责内容及注意事项	
需要的社会资源	社区工作者提供的	
	青少年小组寻找到的	
可能出现的问题		
应对措施		

（二）活动实施

包括活动实施的具体步骤和内容、所需的资源、注意事项等。

（三）活动总结

包括对活动过程及收获的总结与反思等。

五、大型活动注意事项

包括活动中的安全、各方面的沟通协调、青少年和社区工作者觉得需要注意的其他方面等。

附件28：引领性提问四

1. 根据社区提供的活动主题范围，基于大家对社区的了解，近期想开展的社区大型活动的主题是什么？活动的目的是什么？

2. 活动主题及介绍等用怎样的语言表达或陈述，更容易吸引社区居民的关注和参与？

3. 请大家发动脑力，开启智慧，一起设计一个社区大型活动计划。计划中要包含哪些内容？活动的形式和具体步骤是怎样的？

4. 在社区大型活动中，各小组的分工是怎样的？

5. 基于以往的小组活动经验，在社区大型活动中，可能会遇到哪些困难或问题？大家要如何应对？

附件29：活动评估问卷
（青少年使用）

活动评估问卷

　　你好！欢迎参加本次活动，为了更好地促进本社区举办更丰富、更有成效的活动，我们真诚邀请你参与本次活动的评估，谢谢合作！请在符合自己情况的选项上画"√"，并填写相应的内容。

姓名：　　　　　性别：　　　　　所在学校和年级：

　　　　　　　　　　　　　　　　　　　　　　　_____社区居委会

1. 你觉得这次活动的主题	2. 你觉得这次活动的内容
A. 很好　　　　B. 较好 C. 一般　　　　D. 需要改进	A. 很好　　　　B. 较好 C. 一般　　　　D. 需要改进
3. 你觉得这次活动的形式	4. 你觉得这次活动的实施过程
A. 很好　　　　B. 较好 C. 一般　　　　D. 需要改进	A. 很好　　　　B. 较好 C. 一般　　　　D. 需要改进
5. 你觉得参加这次活动的收获	6. 你觉得这次活动开展的效果
A. 较多　　　　B. 一般 C. 很少	A. 很好　　　　B. 较好 C. 一般　　　　D. 需要提升
7. 你觉得自己小组的活动计划制订得	8. 你觉得自己小组活动计划实施得
A. 很好　　　　B. 较好 C. 一般　　　　D. 需要改进	A. 很好　　　　B. 较好 C. 一般　　　　D. 需要改进
9. 你觉得社区工作者在活动中发挥的作用	10. 你觉得家长志愿者在活动中发挥的作用
A. 很好　　　　B. 较好 C. 一般　　　　D. 需要提升	A. 很好　　　　B. 较好 C. 一般　　　　D. 需要提升
11. 你觉得社区志愿者在活动中发挥的作用	12. 你是否还愿意参加类似的活动
A. 很好　　　　B. 较好 C. 一般　　　　D. 需要提升	A. 是　　　　　B. 不确定 C. 否

续表

13. 请你用2~3个词语，描述你参与本次活动的心情。

14. 在这次活动中，你印象深刻的是什么？

15. 在这次活动中，你有哪些收获或能力的增加［如共情能力（设身处地感受他人并理解他人的能力）、责任感、自信心、沟通能力、领导能力、组织能力、协调能力和创造力等得到提升］？

16. 对于活动中的所学或收获，你将如何应用到以后的生活中？

17. 你对社区组织的这类活动，有什么建议？

附件30：活动评估问卷（家长使用）

活动评估问卷

您好！欢迎参加这次活动，为了更好地促进本社区举办更丰富、更有成效的青少年活动，我们真诚邀请您参与这次活动的评估，谢谢合作！请在符合自己情况的选项下面画"√"，并填写相应的内容。

您孩子的年龄：　　　　　家庭角色（父亲、母亲或祖辈）：

爱好或特长：

_____社区居委会

1. 您觉得这次活动的主题 A. 很好　　　　B. 较好 C. 一般　　　　D. 需要改进	2. 您觉得这次活动的内容 A. 很好　　　　B. 较好 C. 一般　　　　D. 需要改进
3. 您觉得这次活动的形式 A. 很好　　　　B. 较好 C. 一般　　　　D. 需要改进	4. 您觉得这次活动的实施过程 A. 很好　　　　B. 较好 C. 一般　　　　D. 需要改进
5. 您觉得参加这次活动的收获 A. 较多　　　　B. 一般 C. 很少	6. 您觉得这次活动开展的效果 A. 很好　　　　B. 较好 C. 一般　　　　D. 需要提升
7. 您觉得自己小组的活动计划制订得 A. 很好　　　　B. 较好 C. 一般　　　　D. 需要改进	8. 您觉得自己所参与的小组活动计划实施得 A. 很好　　　　B. 较好 C. 一般　　　　D. 需要改进
9. 您觉得社区工作者在活动中发挥的作用 A. 很好　　　　B. 较好 C. 一般　　　　D. 需要提升	10. 您觉得家长志愿者在活动中发挥的作用 A. 很好　　　　B. 较好 C. 一般　　　　D. 需要提升
11. 您觉得社区志愿者在活动中发挥的作用 A. 很好　　　　B. 较好 C. 一般　　　　D. 需要提升	12. 您是否还愿意参加类似的活动 A. 是　　　　B. 不确定 C. 否

续表

13. 请您用2～3个词语，描述您参与本次活动的心情。

14. 在这次活动中，您印象深刻的是什么？

15. 在这次活动中，您发现孩子们有哪些收获或能力的增加［如共情能力（设身处地感受他人并理解他人的能力）、责任感、自信心、沟通能力、领导能力、组织能力、协调能力和创造力等得到提升］？

16. 在这次活动中，您有哪些收获？在以后的志愿服务中将如何应用？

17. 在这次活动中，社区工作者链接到哪些社会资源？您对此如何评价？

18. 您对社区组织的这类活动，有什么建议？

附件31：活动评估问卷
（志愿者使用）

活动评估问卷

　　您好！欢迎参加这次活动，为了更好地促进本社区举办更丰富、更有成效的青少年活动，我们真诚邀请您参与这次活动的评估，谢谢合作！请在符合自己情况的选项下面画"√"，并填写相应的内容。

年龄：　　　　职业：　　　　爱好或特长：

　　　　　　　　　　　　　　　　　　　　　　　_____社区居委会

1. 您觉得这次活动的主题	2. 您觉得这次活动的内容
A. 很好　　　　B. 较好 C. 一般　　　　D. 需要改进	A. 很好　　　　B. 较好 C. 一般　　　　D. 需要改进
3. 您觉得这次活动的形式	4. 您觉得这次活动的实施过程
A. 很好　　　　B. 较好 C. 一般　　　　D. 需要改进	A. 很好　　　　B. 较好 C. 一般　　　　D. 需要改进
5. 您觉得参加这次活动的收获	6. 您觉得这次活动开展的效果
A. 较多　　　　B. 一般 C. 很少	A. 很好　　　　B. 较好 C. 一般　　　　D. 需要提升
7. 您觉得自己小组的活动计划制订得	8. 您觉得自己小组活动计划实施得
A. 很好　　　　B. 较好 C. 一般　　　　D. 需要改进	A. 很好　　　　B.较好 C. 一般　　　　D. 需要改进
9. 您觉得社区工作者在活动中发挥的作用	10. 您觉得家长志愿者在活动中发挥的作用
A. 很好　　　　B. 较好 C. 一般　　　　D. 需要提升	A. 很好　　　　B. 较好 C. 一般　　　　D. 需要提升
11. 您觉得社区志愿者在活动中发挥的作用	12. 您是否还愿意参加类似的活动
A. 很好　　　　B. 较好 C. 一般　　　　D. 需要提升	A. 是　　　　B. 不确定 C. 否

13. 请您用2~3个词语，描述您参与本次活动的心情。

14. 在这次活动中，您印象深刻的是什么？

15. 在这次活动中，您发现青少年有哪些收获或能力的增加 [如共情能力（设身处地感受他人并理解他人的能力）、责任感、自信心、沟通能力、领导能力、组织能力、协调能力和创造力等得到提升] ？

16. 在这次活动中，您有哪些收获？在以后的志愿服务中，您将如何应用？

17. 在这次活动中，社区工作者链接到哪些社会资源？您对此如何评价？

18. 您对社区组织的这类活动，有什么建议？

附件32：家长访谈提纲

1. 您对这次活动的感受如何？

2. 在这次活动中，您印象深刻的是什么？

3. 在这次活动中，您发现孩子们有哪些收获［如共情能力（身处地感受他人并理解他人的能力）、责任感、自信心、沟通能力、领导能力、组织能力、协调能力和创造力等的提升］？请举例。

4. 在这次活动中，您有哪些具体的收获？在以后的生活中，您会如何应用这些收获来与自己的孩子相处？

5. 在这次活动中，社区工作者链接到哪些社会资源？您对此如何评价？

6. 您对社区组织的这类活动，有哪些具体的建议？

附件33：志愿者访谈提纲

1. 您对这次活动的感受如何？

2. 在这次活动中，您印象深刻的是什么？

3. 在这次活动中，您发现青少年有哪些收获［如共情能力（设身处地感受他人并理解他人的能力）、责任感、自信心、沟通能力、领导能力、组织能力、协调能力和创造力等的提升］？请举例。

4. 在这次活动中，您有哪些收获？在以后的志愿服务中，您将如何应用这些收获？

5. 在这次活动中，社区工作者链接到哪些社会资源？您对此如何评价？

6. 您对社区组织的这类活动，有哪些具体的建议？

附件34：活动评估问卷（社区工作者使用）

活动评估问卷

　　为了更好地促进本社区举办更丰富、更有成效的青少年活动，社区工作者需要参与这次活动评估，谢谢合作！请在符合自己情况的选项下面画"√"，并填写相应的内容。

年龄：　　　　　工龄：　　　　　爱好或特长：

_____社区居委会

1. 您觉得这次活动的主题 A. 很好　　　　B. 较好 C. 一般　　　　D. 需要改进	2. 您觉得这次活动的内容 A. 很好　　　　B. 较好 C. 一般　　　　D. 需要改进
3. 您觉得这次活动的形式 A. 很好　　　　B. 较好 C. 一般　　　　D. 需要改进	4. 您觉得这次活动的实施过程 A. 很好　　　　B. 较好 C. 一般　　　　D. 需要改进
5. 您觉得参加这次活动的收获 A. 较多　　　　B. 一般 C. 很少	6. 您觉得这次活动开展的效果 A. 很好　　　　B. 较好 C. 一般　　　　D. 需要提升
7. 您觉得青少年各小组的活动计划制订得 A. 很好　　　　B. 较好 C. 一般　　　　D. 需要改进	8. 您觉得青少年各小组活动计划实施得 A. 很好　　　　B. 较好 C. 一般　　　　D. 需要改进
9. 您觉得自己在活动中发挥的作用 A. 很好　　　　B. 较好 C. 一般　　　　D. 需要提升	10. 您觉得家长志愿者在活动中发挥的作用 A. 很好　　　　B. 较好 C. 一般　　　　D. 需要提升
11. 您觉得社区志愿者在活动中发挥的作用 A. 很好　　　　B. 较好 C. 一般　　　　D. 需要提升	12. 您是否还愿意组织、参与类似的活动 A. 是　　　　　B. 不确定 C. 否

续表

13. 请您用2~3个词语，描述您组织、参与本次活动的心情。

14. 在这次活动中，您印象深刻的是什么？

15. 在这次活动中，您发现青少年有哪些收获或能力的增加［如共情能力（设身处地感受他人并理解他人的能力）、责任感、自信心、沟通能力、领导能力、组织能力、协调能力和创造力等得到提升］？

16. 在这次活动中，您有哪些收获？在以后组织的社区活动中，您将如何应用？

17. 在这次活动中，您链接到哪些社会资源？对此如何评价？

18. 您对社区组织的这类活动，有什么建议？

第七章

资源链接

相关网站

1. 社工中国网（http://www.swchina.org）。

2. 社会工作网—中华人民共和国民政部（http://sw.mca.gov.cn）。

3. 青翼网（http://www.sowosky.com）。

4. 中国社会工作人才服务平台中国社会工作时报—网易博客（http://cncasw.blog.163.com）。

5. 社区青年汇—北京共青团（http://www.bjyouth.gov.cn/special/201008qnh/）。

6. 中国国际社工联盟的博客（http://blog.sina.com.cn/u/2872671353）。

全国首批青少年事务社会工作示范项目名单（共101个）

省份	序号	项目名称	项目执行单位
北京（5个）	1	驻专门学校社工综合服务项目	北京超越青少年社工事务所
	2	未成年人成长指导中心帮教服务项目	北京市大兴区朗润社会工作事务所
	3	"让爱成瘾"——成瘾者未成年子女家庭支援计划	北京厚德社会工作事务所
	4	北京"学习伙伴"志愿服务项目	中国青年政治学院"学习伙伴"志愿服务团队
	5	牵手行动——促进社会参与的流动青少年社会工作专业服务示范项目	北京市协作者社会工作发展中心
天津（3个）	1	12355少年综合服务平台津南分中心社工项目	共青团津南区委员会
	2	河西区12355活力空间社工项目	共青团河西区委员会
	3	河东区"新心希望"青少年社工服务工程	共青团河东区委员会
河北（3个）	1	"阳光成长驿站"——社区服刑人员未成年子女关爱计划	石家庄德正社会工作服务中心
	2	"青春正能量"保定市南市区"五失"青少年社会工作专业服务示范项目	保定市善和社会工作事业发展中心
	3	"青少年O2O助长吧"社会工作项目	石家庄北极光社会工作服务中心
山西（3个）	1	"小桔灯梦想课堂"项目	山西（太原）12355青少年公共服务平台
	2	"打造社区第二课堂"——老工业社区青少年抗逆力训练项目	山西铸仁社会工作服务中心
	3	城市留守青少年关爱行动计划	亲&青Family阳泉市矿区青少年社会工作站

续表

省份	序号	项目名称	项目执行单位
内蒙古 （3个）	1	"e路阳光"青少年网瘾戒除服务项目	内蒙古青少年社会工作服务中心
	2	"晨曦引航"未成年服刑人员矫正社会工作服务项目	内蒙古青少年社会工作服务中心
	3	"朝阳计划"驻校社工服务项目	内蒙古青少年社会工作服务中心巴彦淖尔市临河分中心
辽宁 （3个）	1	闲散青少年"心手相连"观护项目	沈阳工程学院星河青少年社会工作事务中心
	2	"七彩阳光 携你同行"弱势儿童社会心理支持服务项目	沈阳市沈北新区青杨社会工作服务中心
	3	青少年社工社区矫正项目	抚顺市青少年教育保护委员会办公室
吉林 （3个）	1	青春白皮书：不良行为青少年社会工作介入项目	长春市助梦社会工作服务中心
	2	"青翼护航"吉林省困境青少年成长项目	长春市宽城区和乐社会工作服务中心
	3	"护航青春"辽源市青少年社会工作服务中心项目	辽源市青少年社会工作服务中心
黑龙江 （4个）	1	"故事有力量"——行为偏差青少年自我叙事与成长项目	黑龙江省大众社会工作服务中心
	2	青少年戒毒及社会融入帮扶计划	南岗黑大社工服务中心
	3	"弹性超人"——哈尔滨1·2火灾受灾小学生社会工作服务项目	黑龙江省希望社会工作服务中心
	4	阳光家园社区——青少年社会工作服务项目	共青团绥化市委员会
上海 （5个）	1	驻村·筑"嘉园"——嘉定区来沪青（少）年服务项目	共青团嘉定区委员会
	2	拘留所违法青少年教育观护项目	共青团浦东新区委员会
	3	阳光家园——来沪务工青少年聚居地社会工作服务项目	共青团青浦区委员会
	4	12355上海青少年维权服务热线项目	上海青春在线青少年公共服务中心
	5	缘聚九点青年中心"快乐家园"寒暑托班服务项目	上海徐汇区漕河泾社区九点社工站

续表

省份	序号	项目名称	项目执行单位
江苏 （5个）	1	"阳光伙伴"城市外来未成年人助力成长计划	阳光伙伴常州市青少年事务服务中心
	2	"笑果伴成长"特殊家庭青少年正面成长计划	苏州市12355青少年服务中心
	3	"快乐朋友圈·青春伙伴汇"——流动青少年社会融入计划	共青团徐州市委员会
	4	不良行为青少年"绿荫行动"项目	无锡市北塘区青梦家园社工服务中心
	5	"After-school艺起来"青少年弱势群体艺术关爱项目	南京市玄武区少先队社会大队部暨南京艺之行艺术培训中心
浙江 （3个）	1	"乐观少年"发展服务项目	杭州青悦社会工作服务中心
	2	新起点护航计划——未成年犯罪嫌疑人、未成年受害人观护项目	温州市12355青少年综合服务平台
	3	巢儿自筑：流动儿童青少年社区融入支持计划	嘉兴市拾星者青少年社工事务所
安徽 （4个）	1	"启梦行动"合肥市青少年社区矫正人员发展项目	合肥经济开发区淮生社会工作服务中心
	2	"回家的路"偏差行为青少年社会工作外展服务项目	黄山学院、共青团黄山市委员会、黄山市屯溪区昱中阳光社工服务社
	3	皖北地区留守儿童"生命滋养"服务研究项目	淮南市旭日社会工作综合服务中心
	4	阳光少年——青少年成长教育项目	六安市启明社会工作服务中心
福建 （3个）	1	莆糖社区违法犯罪未成年人社区矫正项目	莆田市阳光青少年事务服务中心
	2	"心心相依 携手同行"社区青少年社工服务项目	共青团宁德市蕉城区委员会
	3	"鲁冰花"流浪青少年陪伴成长计划	漳州市致尚社会工作服务中心

续表

省份	序号	项目名称	项目执行单位
江西 （3个）	1	预防流动人口子女犯罪"心灵港湾"项目	江西省洪宇社会工作服务社
	2	脱影而出——景德镇市青少年阳光成长项目	景德镇市慈缘社会工作服务中心
	3	仙来湖社区青少年幸福快乐成长营项目	新余市渝水区爱家社会工作室
山东 （4个）	1	"花young年华·家校护航"社区困境家庭青少年社工服务项目	济南山青社会工作服务中心
	2	"青春同行·益暖齐鲁"困境青少年关爱项目	山东省12355青少年公共服务平台
	3	启航圆梦——单亲贫困家庭青少年权益保障服务计划	青岛天明社会工作服务中心
	4	"希望乐园"社区贫困青少年成长项目	威海市助力社工服务中心
河南 （2个）	1	郑州市12355青少年服务中心EQ俱乐部项目	郑州市12355青少年服务中心
	2	"生命树"青少年生命教育社会工作项目	郑州市金水区梓闻社会工作服务中心
湖北 （3个）	1	悬崖边的花朵——边缘青少年帮扶服务项目	武汉爱心天使社会工作服务中心
	2	服刑人员未成年子女控辍保学"小橘灯"计划	武汉楚馨社会工作服务中心
	3	武汉市不良行为青少年矫正服务项目	武汉博雅社会工作服务中心
湖南 （2个）	1	憨儿要工作·春之晖爱心糕点坊——青少年社会工作服务项目	长沙市春之晖特殊孩子援助中心
	2	长沙市12355青少年成长服务项目	长沙市青年志愿者联合会

续表

省份	序号	项目名称	项目执行单位
广东 （4个）	1	"大爱福田"——涉罪未成年人帮教工程	深圳市福田区华富街道青少年综合服务中心
	2	"心理护航进校园"青少年心理健康成长计划	东莞市莞香花青少年服务中心
	3	珠海市12355青少年综合服务平台社工项目	共青团珠海市委员会
	4	阳光行动——惠州市青少年健康成长守护工程	广州市天河区启智社会工作服务中心
广西 （4个）	1	青春新起航——闲散青少年就业创业服务项目计划	南宁市绿城青少年事务社会工作服务中心
	2	"心灵成长"——关注农民工子女心理健康成长计划	南宁市江南区青晨青少年社会工作服务中心
	3	"青苹果计划"——柳州市引入青少年事务社工参与青少年权益监测及保护项目	共青团柳州市委员会
	4	"情暖灵山·梦想同行"关爱留守儿童项目	灵山县社会工作协会
海南 （3个）	1	海口市涉罪未成年人观护帮教服务项目	海口市友善社会工作服务中心
	2	青少年健康成长辅导项目	海口星海社会工作服务站
	3	揭开性的神秘面纱——性心理教育进驻中学校园项目	海南三度社会工作服务中心
重庆 （3个）	1	"彩虹守护计划"——渝中区城乡社区市民学校青少年自护教育社工项目	重庆市万州区青年助学志愿者协会
	2	心薪相映——进城务工人员随迁子女社会融合促进服务项目	重庆扬光社会工作服务中心、共青团四川外国语大学委员会
	3	"走出樊笼"——江北区城乡社区市民学校困境青少年支持引导社工项目	重庆仁怀青少年社会工作服务中心

续表

省份	序号	项目名称	项目执行单位
四川 （3个）	1	城市"微关爱"——成长"1+N"项目	乐山绿城青少年服务中心
	2	社区流动儿童同伴教育项目	攀枝花市援助少年儿童志愿者协会
	3	轻微行为偏差儿童家庭教育支持项目	雅安市民爱社会工作服务中心
贵州 （1个）	1	铜仁市特殊群体青少年行为矫正项目	铜仁市儿童福利院
云南 （4个）	1	昆明重点青少年群体服务管理"彩虹"项目	昆明市红嘴鸥青少年事务服务中心
	2	"守护青春"——青少年预防艾滋 守护家园性教育项目	云南昆明12355青少年服务台
	3	青春护航之性健康教育项目	昭通市青少年事务社会工作服务中心
	4	曲靖市12355青少年服务台社工项目	共青团曲靖市委员会
西藏 （2个）	1	青少年法庭项目	琼结县人民法院
	2	青少年全面培育基地服务项目	拉萨市城关区金珠西路街道当巴社区团支部
陕西 （4个）	1	未成年人刑事司法中的社会工作机制项目	陕西指南针司法社工服务中心
	2	西安市等驾坡社区青少年权益保护项目	陕西妇源汇性别发展培训中心
	3	西安市城中村流动少年儿童健康成长社会工作示范项目	陕西长安社会工作发展中心
	4	护苗行动——陕北农村困境儿童社工服务试点项目	榆林市青少年社工协会
甘肃 （2个）	1	青春护航——兰州市城关区酒泉路街道青少年成长社区支持计划	甘肃惠群社会工作服务中心
	2	凉州区"彩虹梦想"青少年健康成长关爱项目	凉州区青年志愿者协会

续表

省份	序号	项目名称	项目执行单位
青海 （3个）	1	绽放的格桑花——黑马河乡社区青少年社工服务项目	青海省泽德社会工作发展中心
	2	"阳光夏都"——西宁市预防青少年违法犯罪、关注青少年健康成长服务项目	青海省乐平社会工作服务中心
	3	"三社联动"关爱留守儿童社会工作服务项目	西宁市郁金香青少年儿童社会工作服务中心
宁夏 （2个）	1	"成长部落"青少年关爱支持计划	宁夏阳光正茂社会工作发展中心
	2	移民地区回族流动青少年社工服务与救助项目	宁夏昊善社会工作发展服务中心
新疆 （2个）	1	"我们在一起"——12355青少年服务台项目	共青团伊犁哈萨克自治州委员会
	2	春蕾计划服务项目	深圳市对口支援新疆（喀什）社会工作站
兵团 （3个）	1	"一米阳光"青少年成长发展服务项目	五家渠市青湖路街道团工委
	2	阳光成长伴你前行——关注低保家庭青少年成长服务项目	建筑工程师二钢达丰社区青少年事务社会工作服务站
	3	让每一个小星星都闪光——关注重点青少年成长服务项目	图木舒克市青少年事务社会工作服务站

说明：2014年，共青团中央办公厅、民政部办公厅联合下发《关于组织实施全国首批青少年事务社会工作示范项目的通知》（中青办联发〔2014〕9号）以来，各地共申报229个项目。经过资格审查、专家评审、社会公示、组织报批等程序，最终确定以上100个项目为全国首批青少年事务社会工作示范项目。这批示范项目立足服务青少年成长发展、维护青少年合法权益、预防青少年违法犯罪等重点领域，紧扣当地青少年的实际需求，具有较强的针对性；充分体现了社会工作专业理念，注重运用社会工作专业方法，具有突出的专业性；目标任务明确，实施管理规范，团队建设过硬，经费保障到位，具有很好的示范性。（民政部门户网站）

小组活动设计/社会工作实务书籍

1.《小组工作》，刘梦主编，高等教育出版社2003年版。

内容简介：

本书是中国社会工作教育协会组编的高校社会工作专业主干课系列教材之一。全书主要内容包括：小组工作的起源与发展，小组工作的价值观和职业伦理，小组工作的理论基础和工作模式，小组动力学，小组发展过程与各阶段技巧，小组的评估，小组工作在不同人群中的运用等。全书着重阐明小组工作的基本理念、价值观、职业伦理和技巧；注重理论和实践结合、课堂教学和实践教学结合，通过学习过程中的实务训练，结合中国本土的经验，坚持"学中做"的原则，以增强学生开展小组工作的实践能力。

来源：当当网，http://product.dangdang.com/1229983372.html。

2.《小组游戏带领技巧——从概念到实践》，甘炳光编著，香港城市大学出版社2009年版。

内容简介：

带领小组活动时，为增进组员间的沟通、加强组员参与、建立小组气氛及达成小组目标，适量的游戏不可或缺。

本书编著者联同43位香港城市大学应用社会科学系社工同学精选了100个游戏，分为热身/破冰游戏、互相认识游戏、小组凝聚游戏及解难游戏四大类。所选游戏均以能运用最简单的道具为主，并详细列明游戏的玩法及解说、注意事项，部分更由编著者精心改良，令耳熟能详的游戏变得新颖。

书中罗列的游戏背后都有明确的意义和目的，书中更收录了四篇有关小组游戏概念与实践的文章，有助读者深入了解小组游戏的经验反思、带领技巧、解说手法及安全守则。除了前线社工外，本书也十分适合教师、社区团体工作者，以及所有热心积极贡献于小组游戏的人士使用和参考，期望小组游戏为更多人带来欢乐之余，也可促进更多的转变和成长。

来源："深圳市鹏星社工服务社 学校社工"网易博客，http://szpxbaxx. blog.163.com/blog/static/94075267201041010129136。

3.《赋权、参与和社会工作》，［英］Robert Adams著，徐冬祥编，汪冬冬译，华东理工大学出版社2013年版。

内容简介：

"赋权"这个词是否让您觉得既专业又陌生？那么，"自我教导""自我发展"和"自我教育"您觉得陌生吗？没关系，自助和助人为乐，您总听说过吧！没错，这些都是赋权的方方面面。赋权与我们的生活息息相关。

面对激烈的竞争、巨大的生活压力，您是否偶尔觉得沮丧、伤心甚至精神衰弱？机会来临时，您是积极地把握住还是在擦肩而过后嗟叹机会不等人？

作为专业社会工作者究竟应该如何帮助服务对象的潜能挖掘、资源链接、能力成长和社会参与的问题？《赋权、参与和社会工作》一书中，Robert Adams教授从自身的心理情感出发，结合他长期在自助团体从事服务的实务，运用结合生活中的各种困境，运用赋权与参与的理论视角，分析各种案例，如专业人员的角色定位问题、工作能力培育问题、与服务对象关系问题等。他的所有的方法都写在了这本《赋权、参与和社会工作》里。

《赋权、参与和社会工作》提出的很多观点适用于社会工作实务中的医疗健康、残疾人、儿童与妇女、老年人照顾、家庭服务等多元领域。

来源：京东商城，http://item.jd.com./1603796725.html。

4.《社区工作案例教程》，高琦、李卫华主编，中国人民大学出版社2014年版。

内容简介：

该书细致筛选了国内社会工作的具体案例，覆盖家庭纠纷、违章拆迁、居民养老、精神疾病、环境卫生、灾害救助、产权纠纷等社区工作多方面的内容，案例真实、分析具体、举证恰当，对于社区工作实务的学习者和实际工作人员，都是一本非常难得的参考书。

来源：当当网，http://product.dangdang.com/1309727972.html。

5.《中国青少年社会工作实务案例精选》，陆士桢、李江英、洪江荣编著，华东理工大学出版社2010年版。

内容简介：

本书精选我国青少年社会工作的实际案例，结合相关理论，有针对性地进行了解读和提升，既展现了我国青少年社会工作领域的最新发展，也将相关的理念、知识和技巧巧妙地融入生动的案例之中，对于提升本土经验、培养本土青少年社工具有重要意义。

来源：当当网，http://product.dangdang.com/1298359638.html。

6.《青春护航——社会工作案例精选》，韩晓燕主编，华东理工大学出版社2013年版。

内容简介：

智利诗人加布里拉·米斯特说："我们所需要的很多东西可以等待，但孩子所需要的东西不能等待。我们不能对他说明天，他的名字就叫今天。"从今天起，我们并不是简单地呵护，更多的是给予他们重新启程的机会，去包容、去参与、去关爱、去创造条件，无论他们曾走过怎样的一段路，他们依旧能够在同一片暖阳下健康、快乐成长，拥有一个同样光明的未来。韩晓燕主编的《青春护航——社会工作案例精选》由华东师范大学社会发展学院与共青团上海市闵行区委员会联合编写出版，书中收录了闵行区试点工作中的63个优秀社工案例。按照"再犯预防、临界预防、提前预防"三级预防分类编撰成册，本书中的各个案例均由基本情况及背景资料、个案分析、工作目标与服务计划、服务干预过程、服务成效评估、服务点评六部分组成。《青春护航——社会工作案例精选》是各试点区域工作人员及其他人士学习交流的良好平台，将有助于社工更好地服务于各种有不良行为或严重不良行为的青少年，增加服务手段，提升专业能力，最终提高服务质量和成效。

来源：当当网，http://product.dangdang.com/23270902.html。

7.《妇女儿童家庭社会工作实务案例》，江苏省妇女联合会组编，中国人民大学出版社2013年版。

内容简介：

本书内容是由全国各级妇联组织、社区社会工作者、高校社会工作专业师生、各类社会公益组织及热心妇女儿童事业人士参与的"江苏妇女社会工作方案征集评选"活动所精选出的服务社区妇女、儿童和家庭的社会工作实践和创意案例集锦。

来源：京东商城，http://item.jd.com./1603796725.html。

8.《社会工作实务手册》，朱眉华、文军主编，社会科学文献出版社2006年版。

内容简介：

这是一本具有特色的社会工作专业基础用书，对社会工作实务做了全面的阐述。全书共八章，分别就社会工作实务基础、职业特质、通用过程、具体方法、常用模式、基本技能、主要领域和相关资源等基本问题，进行了充分的阐述，帮助读者比较全面完整地了解社会工作实务的主要内容。本手册结合《社会工作者国家职业标准》的具体要求，注重从操作层面阐述社会工作实务，除了必要的社会工作基本理论知识外，着重分析了社会工作实务过程、方法和技巧，以帮助社会工作者在实践中将理论知识转化为可操作的方法和技巧，有效地提高社会工作实务的品质。这本手册的作者系上海高校中从事社会工作或社会学专业教学与研究的中青年学者，其中多位参与了《社会工作者国家职业标准》的制定。

来源：当当网，http://product.dangdang.com/9127054.html。

9.《青少年小组游戏治疗师手册》（第2版），［美］苏珊·卡罗尔著，刘梦、冯杰、朱凯译，中国人民大学出版社2007年版。

内容简介：

本手册中的小组游戏活动是在很多年的实践检验的基础上发展起来的。这里收录的各种游戏与其说是精心挑选出来的，还不如说是多年经验积累的成果。本手册对各种活动进行了收集、试用、批评和分类。本手册提供了在门诊中开展小组治疗的经验，还为私人执业和学校中的小组提供指导，同时，它还可以为那些对住院病人进行小组治疗的治疗师提供借鉴和指导。本书中介绍的活动目标可以帮助临床工作者发展出适合案主和病人的治疗计划。

来源：当当网，http://product.dangdang.com/9323368.html。

10.《实用团体心理游戏与心理辅导》（第2版），于泱、李权超编著，军事医学科学出版社2013年版。

内容简介：

本书精编66个切合团体实际、能够广泛推广的团体心理游戏和心理辅导项目，分为人际沟通、团队协作、点燃激情、提升自我、情感支持、社会适应、提高情商、身心放松等8个篇目。每个心理游戏均在现场试用、完善，并根据反馈的意见在第2版中进行了修改。活动组织者可根据执行的任务、所处的环境、人员对象的不同而自由选取合适的项目，也可在此基础上进一步变换游戏的花样或方式，但最终目的是提高团体的凝聚力和心理素质。

来源：当当网，http://product.dangdang.com/23372891.html。

后　记

北京师范大学中国公益教育研究所家庭—学校—社区联动体系研究项目组在做了大量前期调研的基础上，使《青少年志愿服务公益实践社区工作者指导手册》顺利编写完成。它的完成是项目组与项目社区、家庭、学校多次研讨、实践和修改的成果。

首先，我们要感谢北京市永泰庄社区、永泰东里社区、永泰东二里社区、永泰西里社区、清缘里社区、清润家园各社区居委会主任和永泰小学家长委员会的热心支持，因为诸位的参与和支持，这本指导手册才得以形成。感谢北京市海淀区永泰小学、北京市房山区燕山前进第二小学等学校各位小学生的积极参与和行动，你们的公益实践，让我们看到了中国的未来和希望；感谢这些学校校长和德育教师的鼎力协助；在今后的公益实践中，我们还要进一步改进。

其次，感谢北京市海淀区教育委员会社区教育专家沈亚清、北京师范大学许惠英副教授、中央民族大学卫小将副教授、西北师范大学白列湖老师和张志红副教授、北京师范大学巴战龙副教授以及田禾、史篇、丁雪娇、洪峰、魏岐如、袁帅、陈盼、杜艳平等，他们多次参加手册的研讨和修改，提出了宝贵的建议，给予了有力的支持。

最后，感谢洪峰、丁雪娇、魏岐如、袁帅、杜艳平对本手册修订所付出的努力。尽管本手册经历了多次修改和补充，但我们仍然会在实践中不断完善。本手册编写成员有韩辉、张志红、洪峰、丁雪娇、魏岐如、袁帅。公益小使者由王亚军、琚振蕲设计。在此，我们对编写者执着的精神和积极的行动予以肯定。

此外，我们也诚挚地欢迎读者与我们联系。我们的电子邮箱是：gongyijiaoyu@bnu.edu.cn。

尚立富　韩辉

2017年春

图书在版编目（CIP）数据

青少年志愿服务公益实践社区工作者指导手册/尚立富主编．
—北京：北京师范大学出版社，2017.6
ISBN 978-7-303-21872-1

Ⅰ．①青…　Ⅱ．①尚…　Ⅲ．①社区－工作－中国－手册
Ⅳ．①D669.3-62

中国版本图书馆CIP数据核字（2017）第013366号

营　销　中　心　电　话　010-58805072 58807651
北师大出版社学术著作与大众读物分社　http://xueda.bnup.com

QINGSHAONINA ZHIYUAN FUWU GONGYI SHIJIAN
SHEQU GONGZUOZHE ZHIDAO SHOUCE

出版发行：北京师范大学出版社　www.bnupg.com
　　　　　北京市海淀区新街口外大街19号
　　　　　邮政编码：100875
印　　刷：鸿博昊天科技有限公司
经　　销：全国新华书店
开　　本：787 mm×1092 mm　1/16
印　　张：21
字　　数：300千字
版　　次：2017年6月第1版
印　　次：2017年6月第1次印刷
定　　价：49.00元

策划编辑：陈红艳　　　　　责任编辑：齐　琳　王新焕
美术编辑：袁　麟　　　　　装帧设计：锋尚设计
责任校对：陈　民　　　　　责任印制：马　洁

版权所有　侵权必究

反盗版、侵权举报电话：010-58800697
北京读者服务部电话：010-58808104
外埠邮购电话：010-58808083
本书如有印装质量问题，请与印制管理部联系调换。
印制管理部电话：010-58805079